KLEINE
KULTURWISSENSCHAFTLICHE
BIBLIOTHEK

Bernardo de Vargas Machuca,
Milicia y Descripcion de las Indias (Madrid, 1599)

J. H. Elliott

Die Neue in der Alten Welt
1492–1650

Aus dem Englischen
von Christa Schuenke

Verlag Klaus Wagenbach Berlin

Die Neue in der Alten Welt
erschien im Mai 1992 als Band 36 der Reihe
KLEINE KULTURWISSENSCHAFTLICHE BIBLIOTHEK

Die Originalausgabe erschien erstmals 1970
unter dem Titel *The Old World and the New*
bei Cambridge University Press

Verlag Klaus Wagenbach, Ahornstraße 4, 1000 Berlin 30
Umschlaggestaltung Rainer Groothuis
unter Verwendung eines Stiches von Theodor de Bry
Gesamtherstellung Wagner, Nördlingen
Gesetzt aus der Borgis Aldus
Gedruckt auf chlor- und säurefreiem Papier

ISBN 3 8031 5136 8

Inhalt

Vorwort

Der Einfluß der Neuen Welt Amerika auf das Europa des sechzehnten und frühen siebzehnten Jahrhunderts ist ein großes und kühnes Thema, über das man entweder ein sehr langes oder ein sehr kurzes Buch schreiben müßte. Während ich mir darüber Gedanken machte, erhielt ich von der Queen's University in Belfast die Einladung, die Wiles Lectures des Jahres 1969 zu halten. Eine der wichtigsten Zielstellungen der Wiles Lectures besteht darin, die Diskussion über Probleme in Gang zu bringen, die im weitesten Sinne die allgemeine Geschichte der Zivilisation betreffen. Ich fand, daß sich die Frage, welchen Einfluß die Neue Welt in den ersten eineinhalb Jahrhunderten nach der Entdeckung Amerikas auf die Alte ausgeübt hat, dazu hervorragend eignete. Darum ist dies ein sehr kurzes Buch; es enthält meine vier Vorlesungen.

Die zeitlichen und räumlichen Beschränkungen, denen ich unterlag, zwangen mich dazu, mich dem Gegenstand in hohem Maße selektiv zu nähern. Manche Aspekte mußten unberücksichtigt bleiben oder konnten nur gestreift werden; und ich beschloß, mich nahezu ausschließlich auf die iberische Welt Mittel- und Südamerikas zu konzentrieren und die anglofranzösische Welt des Nordens außer acht zu lassen. Das mag bedauerlich sein, doch da ich mich auf die Zeit bis 1650 beschränke, ist diese Vernachlässigung Nordamerikas weniger problematisch, als wenn ich das gesamte siebzehnte Jahrhundert untersucht hätte. Während ich die Vorlesungen ausarbeitete, schien mir die auf diese Weise erreichte Ausgewogenheit das Viele, was ich auslassen mußte und was in ein großes, Anspruch auf Vollständigkeit erhebendes Buch selbstverständlich hineingehört hätte, bis zu einem gewissen Grade wettzumachen. Von dieser Überlegung ließ ich mich auch leiten, als ich die Vorlesungen zur Veröffentlichung vorbereitete. Ich hielt es für ratsam, sie im großen und ganzen in ihrer ursprünglichen Form zu belassen, das Buch also nicht auf eine konventionelle Länge auszuweiten, was zweifellos zu Lasten der Ausgewogenheit gegangen wäre.

Attraktiv sind die Wiles Lectures nicht zuletzt deshalb, weil zu ihnen stets eine Reihe von Gästen nach Belfast eingeladen werden, die sich gemeinsam mit den Wissenschaftlern der Queen's University an den einer jeden Vorlesung folgenden abendlichen Gesprächsrunden beteiligen. In meinem Falle gab es lebhafte und interessante Diskussionen, und als ich die Vorlesungen für den Druck überarbeitete, habe ich mich bemüht, dabei dem allgemeinen Tenor unserer Gespräche Rechnung zu tragen. Danken möchte ich an dieser Stelle der Astor-, der Leverhulme- und der Rockefeller-Foundation für die großzügige Unterstützung meiner Reisen nach Lateinamerika und meiner dortigen Forschungen, die mir die Augen dafür geöffnet haben, welche Möglichkeiten sich dem Historiker beim Studium der Beziehungen zwischen der Alten und der Neuen Welt erschließen. Außerdem danke ich Mr. Thomas R. Adams und den Mitarbeitern der John Carter Brown Library in Providence, Rhode Island, für ihre Freundlichkeit und Hilfsbereitschaft während meiner allzu kurzen Beschäftigung mit einer Sammlung, die für die Thematik dieses Buches von größtem Wert ist. Mein besonderer Dank gilt Mrs. Janet Boyd und dem Vorstand der Wiles-Foundation, die mich zu diesem Buch inspiriert und motiviert haben. Herzlichen Dank auch meinen Freunden und Kollegen von der Queen's University in Belfast, die dafür gesorgt haben, daß der Probelauf dazu unter den denkbar angenehmsten und günstigsten Bedingungen stattfinden konnte.

J. H. E.

King's College
London
Dezember 1969

Vorwort zur Neuausgabe

Durch den fünfhundertsten Jahrestag von Kolumbus' Landung in Amerika 1992 bekommt das Thema dieses Buches neue Aktualität. Dieses Jubiläum hat, wie nicht anders zu erwarten, eine heftige Debatte über die europäische Eroberung und Besiedlung insgesamt ausgelöst und zu einer Neubewertung der historischen Beziehungen zwischen Europa und Amerika, zwischen der Alten und der Neuen Welt geführt. Der Jubel der Europäer, der die Feierlichkeiten im Jahre 1892 begleitete, ist einer defensiven, von Selbstbezichtigungen und Zweifeln geprägten Haltung gewichen. Offensichtlich hat sich Europas Sicht auf seine Beziehungen zur nichteuropäischen Welt gründlich gewandelt, seit der Kolonialismus unwiderruflich von der Bühne abgetreten ist und gewissermaßen eine neue und gänzlich andere Phase der Weltgeschichte eingeläutet wurde.

Angesichts des derzeitigen Lebensgefühls ist es nur natürlich, daß man sich gegenwärtig stärker auf den Einfluß Europas auf Amerika konzentriert, als auf die andere Seite der Medaille, nämlich den Einfluß Amerikas auf Europa, um den es in diesem Buch geht. Doch auch das Interesse an dieser Frage ist, seit 1970 die erste Auflage erschien, größer geworden und gab Anlaß zu einer ganzen Reihe wertvoller Veröffentlichungen. 1975 vereinte eine internationale Konferenz in Los Angeles eine Vielzahl von Fachleuten, die über die verschiedensten Aspekte dieser Thematik arbeiten. Hier zeigte sich, wieviel bereits bekannt war und wieviel noch zu tun blieb.[1] Im Sommer 1991 folgte eine Konferenz zum Thema »Amerika im Bewußtsein der Europäer, 1493–1750«. Organisiert wurde sie von der John Carter Brown Library der Brown University in Providence, die aufgrund ihrer hervorragenden Ausstattung und ihrer klugen Leitung den ersten Rang unter den mit diesem Forschungsgegenstand befaßten Institutionen einnimmt.

Überdies stellt die John Carter Brown Library den Fachleuten neuerdings in Gestalt der mehrbändigen, unterdessen kurz vor dem Abschluß stehenden *European Americana*[2] ein unverzichtbares Forschungsinstrument zur Verfügung. Die ersten beiden Bände beschäftigen sich mit eben jenem Zeitraum von 1492 bis 1650, um den es auch in diesem Buch geht. Wenn ich mein kühnes Unterfangen, auf so wenigen Seiten einen Überblick über ein so gewaltiges Thema zu geben, aus heutiger Sicht betrachte, wird mir klar, welch enormen Nutzen eine chronologisch geordnete Bibliographie wie die *European Americana* für mich gehabt hätte. Mit ihrer Hilfe können die Historiker heute halbwegs präzise ermitteln, wie groß das Interesse der

Europäer an Amerika zu unterschiedlichen Zeiten gewesen ist, jedenfalls soweit sich dies an den Büchern, die in Europa gelesen und geschrieben wurden, messen läßt.

Mir stand die *European Americana* nicht zur Verfügung, und so sind viele meiner Eindrücke zwangsläufig subjektiv, und ich hatte sehr oft das Gefühl, im Dunkeln zu tappen. So sehr ich mich darüber freue, daß so viele der in den letzten zwanzig Jahren veröffentlichten Arbeiten meine nicht selten rein intuitiven Ergebnisse bestätigen, bin ich mir doch der Schwächen mancher von mir aufgestellten Hypothesen durchaus bewußt. Ich habe die Vorlesungstexte für diese Ausgabe nicht verändert und mich darauf beschränkt, die Bibliographie auf einen aktuellen Stand zu bringen; wenn dieses Buch jedoch heute geschrieben worden wäre, hätte ich die Frage, inwieweit sich die Europäer im sechzehnten Jahrhundert für Amerika interessierten, mit Sicherheit in ganz anderer Weise behandelt. Ich glaube zwar noch immer, daß Amerika, nachdem die erste Aufregung über die Entdeckung sich gelegt hatte, im Bewußtsein sehr vieler Europäer erst einmal in den Hintergrund trat, über die Menschen aber, die aus dem einen oder anderen Grunde ein starkes und anhaltendes Interesse an Amerika zeigten, wäre mehr zu sagen, und es wäre auch mehr darüber zu sagen, wie der Schock und die Aufregung sich mit zunehmendem Wissen legten.

Aus heutiger Sicht erfordert natürlich auch der ganze Prozeß der »Assimilation« weit größere Aufmerksamkeit, als ich ihm widmen konnte.[3] Ich habe mich zwar bemüht, nicht den Eindruck entstehen zu lassen, als habe eine gradlinige Entwicklung vom Unverständnis zur Assimilation stattgefunden, aber vielleicht hat meine notgedrungen schematische Behandlung des Gegenstandes nolens volens genau diesen Eindruck entstehen lassen. Künftige Beobachter werden weiter sehen – oder auch nicht –, je nachdem, wie ihre Denkmodelle beschaffen sind; und wie Anthony Pagden in seinem wichtigen Buch *The Fall of Natural Man*[4] deutlich gemacht hat, führt nicht der Einfluß einer äußeren »Realität« auf ein bestimmtes System zum Zusammenbruch verfestigter Vorstellungen, sondern die Erkenntnis, daß dieses System in sich selbst unstimmig ist. Das bringt uns aus der Neuen Welt zurück in die Alte. Die Denkmodelle der Europäer der frühen Neuzeit gerieten ins Wanken, und das ist der Schlüssel zum Verständnis der Schwankungen, denen ihre Haltung gegenüber den Völkern Amerikas unterworfen war.

Viele Forscher beschäftigen sich derzeit mit dieser Haltung, wie sie sich in den Schriften der Eroberer, der Forscher und der Geschichtsschreiber manifestiert. Und vor allem ist es in Mode gekommen, über das Engagement der Europäer für das »Andere« zu diskutieren, wobei in der Regel festgestellt wird, daß die Europäer sich zuwenig engagierten. Aber das »Andere« ist als wissenschaftlicher Begriff nur bedingt tauglich, und wenn man ihn verwendet, erzeugt man damit einen ganzen Komplex von Annahmen und Erwartungen, die von denen der Europäer im sechzehnten Jahrhundert weit entfernt sind. Dabei werden dann nicht selten aus europäischen Autoren und Beobachtern die – häufig mißverstandenen und allzu leicht ins Unrecht gesetzten – »Anderen«.

Die berechtigte und vielfach seit langem überfällige Sympathie mit den Opfern der europäischen Eroberer und Kolonisatoren darf jedoch nicht einem ernsthaften und sachlichen Bemühen im Wege stehen, die Gedankenwelt jener Europäer der frühen Neuzeit zu begreifen. Ich möchte in diesem Buch zeigen, wie jene Menschen eine Welt, die für sie neu und fremd war, zu verstehen versuchten. Ihr geistiges Ringen, ihre Zweifel und Unsicherheiten bilden, ebenso wie ihre aus der Überzeugung von der eigenen, natürlichen Überlegenheit herrührende Arroganz im Umgang mit den Eingeborenenvölkern Amerikas, einen wichtigen Teil der wechselvollen Geschichte der Beziehungen zwischen der Alten und der Neuen Welt. Das vorliegende Bändchen ist ein Versuch, diese Geschichte zumindest in ihren Umrissen darzustellen, und ich weiß nur zu gut, wie vieles dazu noch zu sagen bleibt.

J. H. E.
Juli 1991

Der ungeklärte Einfluß

Nahezu dreihundert Jahre nach Kolumbus' erster Entdeckungsreise initiierte der Abbé Raynal, unermüdlich in seinem Bestreben, die wirkliche Bedeutung historischer Persönlichkeiten zu ergründen, einen Essaywettbewerb. Den Preis sollte der Autor erhalten, der die folgenden Fragen am besten beantwortete: Hat die Entdeckung Amerikas der Menschheit genützt oder geschadet? Falls sie nützlich war, wie wäre der Nutzen zu steigern? Falls sie schädlich war, wie der Schaden zu mindern? Gerade hatte Cornelius De Pauw die Entdeckung der Neuen Welt als die größte Katastrophe in der Geschichte der Menschheit bezeichnet[5], und Raynal selbst hielt sich bedeckt. Mit der ihm eigenen Vorsicht hatte er seinem umfangreichen und einigermaßen umständlich geschriebenen Werk *Philosophical and Political History of the Settlements and Trade of the Europeans in the East and West Indies* die Bemerkung vorausgeschickt: »Kein Ereignis ist für die Menschheit im allgemeinen und für die Bewohner Europas im besonderen so interessant wie die Entdeckung der Neuen Welt und des Seewegs nach Indien über das Kap der Guten Hoffnung.«[6] Erst die nüchterne schottische Direktheit eines Adam Smith, der den Einfluß der Entdeckungen im großen und ganzen positiv beurteilte, vermochte diese halbherzige Äußerung zu einer maßgeblichen geschichtswissenschaftlichen These auszubauen, die lautete: »Die Entdeckung Amerikas und die des Seewegs nach Ostindien um das Kap der Guten Hoffnung sind die beiden größten und bedeutendsten Ereignisse, welche die Geschichte der Menschheit verzeichnet.«[7]

Worin aber bestand ihre Bedeutung im einzelnen? Dies war, wie die Männer, die um Raynals Preis wetteiferten, sehr bald feststellen mußten, durchaus nicht so leicht zu klären. Vier der acht erhalten gebliebenen Essays werteten die Folgen der Entdeckung Amerikas optimistisch und gingen ausführlich auf ihre kommerziellen Vorteile ein. Doch im Grunde irrten Optimisten und Pessimisten gleichermaßen durch drei Jahrhunderte europäischer Geschichte und griffen verzweifelt nach allem, was ihnen auch nur einigermaßen geeignet schien, ihre vorgefaßten Urteile zu untermauern. Der Preis wurde schließlich nicht verliehen – eine verständliche Entscheidung, getroffen mit der Begründung, die Maßstäbe seien zu niedrig gewesen.[8]

Natürlich leistete Raynals Formulierung der Fragen philosophischen Spekulationen und dogmatischen Behauptungen Vorschub und war nicht eben dazu angetan, die Bewerber zu streng historischer Forschung anzuhalten. Diese Klippe konnte freilich auch die Académie Française nur schwer umschiffen, als sie 1792 mehrere Kandidaten dazu aufrief, den Einfluß Amerikas auf »die Politik, den Handel und die Sitten Europas« zu untersuchen. Es fällt nicht schwer, dem anonymen Sieger dieses Wettbewerbs zuzustimmen, der seufzte: »Welch ein gewaltiges und unerschöpfliches Thema. Je mehr man es erforscht, desto größer wird es.« Trotzdem gelang es ihm, der Fragestellung auf sechsundachtzig Seiten weitgehend gerecht zu werden. Erwartungsgemäß hatte er mehr Sympathie für die politische und wirtschaftliche Rolle als für den moralischen Einfluß Amerikas, den er für verderblich hielt. Allerdings bekannte er offen, es bestehe die große Gefahr, daß alle wesentlichen Veränderungen in der Geschichte des modernen Europa mit der Entdeckung Amerikas in Verbindung gebracht würden. Und er versuchte sehr ernsthaft – und in einer Sprache, die von unserer heutigen wohl gar nicht so weit entfernt ist – die Vor- und Nachteile der Entdeckung und Besiedlung gegeneinander aufzurechnen. »Hätten alle Europäer, die ihr Leben in den Dienst der Entwicklung der Ressourcen Amerikas gestellt haben, anstatt dessen in Europa Wälder gerodet und Straßen, Brücken und Kanäle gebaut, dann hätte sich vielleicht das Wichtigste von dem, was Europa aus der anderen Welt bezieht, oder wenigstens Gleichwertiges auch in seinem eigenen Schoße finden lassen. Und wie unzählbar viele Früchte hätte Europas Boden wohl hervorgebracht, wäre er bis an die Grenzen des Möglichen kultiviert worden?«[9]

Die Gleichung hat so viele Unbekannte, und Qualitatives und Quantitatives sind hier so unlösbar miteinander verflochten, daß selbst die moderne Wissenschaft der Wirtschaftsgeschichte uns wenig nützt, wenn es darum geht, Kosten und Nutzen der Entdeckung und Ausbeutung Amerikas durch Europa zueinander ins Verhältnis zu setzen. Doch darf die Tatsache, daß wir keine präzise Bilanz ziehen können, nicht der Erforschung einer Problematik im Wege stehen, die, zumindest seit dem späten achtzehnten Jahrhundert, als Schwerpunktthema der Geschichte Europas und der modernen Welt gilt.

Eine interessante und wichtige Thematik. Allerdings haben sich die Ansichten der Historiker darüber, welchen Einfluß Amerika auf Europa hatte, im Laufe der Zeit entscheidend gewandelt. Im achtzehnten Jahrhundert diskutierte man diese Frage in einer Weise, die den Verdacht nahelegt, daß es den Beteiligten weniger um eine historisch tiefschürfende Betrachtung des Beitrags der Neuen Welt zur wirtschaftlichen und kulturellen Entwicklung Europas ging, als vielmehr darum, ihre Vorurteile über das Wesen des Individuums und der Gesellschaft bestätigt zu finden.[10] Erst als 1845 Humboldts *Kosmos* erschien, fanden die ersten europäischen Reaktionen – vor allem seitens der Spanier – auf das fremdartige amerikanische Milieu gebührend Eingang in die große Synthese von Geographie und Geschichte, die die Folgen der Entdeckung der Neuen für die Alte Welt aufklären sollte.

Die Geschichtsschreibung des neunzehnten Jahrhunderts zeigte wenig Neigung, den von Humboldt eingeschlagenen, durchaus originellen Weg der Forschung weiterzuverfolgen. Vielmehr wurde die Entdeckung und Besiedlung der Neuen Welt in eine ihrem Wesen nach eurozentristische Geschichtskonzeption eingeordnet. In diesem Rahmen wurde sie als Teil des langen und abenteuerlichen Prozesses dargestellt, in dessen Verlauf der Europäer der Renaissance ein Bewußtsein von der Welt und vom Menschen zu entwickeln begann, um dann den neuentdeckten Völkern einer neuentdeckten Welt Schritt für Schritt seine Herrschaft aufzuzwingen. Diese Sicht der europäischen – übrigens nicht selten mit der Weltgeschichte gleichgesetzten – Geschichte kreiste vor allem um die Motive, Methoden und Errungenschaften der Entdecker und Eroberer. Europas Einfluß auf die Welt (der als Veränderungen befördernder und alles in allem nützlicher Einfluß betrachtet wurde) galt als interessanter und wichtiger als der der Welt auf Europa.

Die europäische Geschichtsschreibung im zwanzigsten Jahrhundert befaßt sich, wenn auch aus einem ganz anderen Blickwinkel, mit einer ähnlichen Fragestellung. Der Rückzug des europäischen Imperialismus brachte eine oftmals krasse Neubewertung der Hinterlassenschaft der Europäer mit sich. Gleichzeitig führte die Entwicklung von Anthropologie und Archäologie zu einer – mitunter eher positiven – Neubeurteilung der voreuropäischen Vergangenheit einstiger Kolonialordnungen. Schrieben die europäischen Historiker die Geschichte früher im Bewußtsein der Überlegenheit Europas, so tun sie dies heute im Bewußtsein der Schuld der Europäer.

Nicht zufällig befassen sich in unserer Epoche, in deren Mittelpunkt die Problematik von Europäischem und Nichteuropäischem, von Schwarz und Weiß steht, einige der bedeutendsten Geschichtswerke mit der Frage, welche sozialen, demographischen und psychologischen Folgen die europäische Expansion nach Übersee für die nichteuropäischen Gesellschaften gehabt hat. Vielleicht werden spätere Generationen entdecken, daß unsere diesbezüglichen Ansichten sich gar nicht so sehr von denen der Historiker des achtzehnten Jahrhunderts unterscheiden. Denn auch Raynal und seine Freunde waren von Schuldgefühl und Zweifeln geplagt. Wenn sie versuchten, den seit dem Ende des fünfzehnten Jahrhunderts erreichten wirtschaftlichen Fortschritt gegen die Leiden derjenigen Gesellschaften aufzurechnen, die die Verlierer des Prozesses waren, gerieten sie unweigerlich in ein Dilemma. Daher die Unentschiedenheit, mit der sie die Auswirkungen der Entdeckung und Eroberung Amerikas bewerteten. Die große moralische Frage jener Epoche war die Sklaverei. Sie beschäftigte die Historiker von damals besonders stark. Auch daraus ergeben sich gewisse Parallelen zu unserer Zeit. Denn ihre Auseinandersetzung mit diesem Problem ließ sie zwar einerseits historische Fragen stellen, verleitete sie aber andererseits zu unhistorischen Antworten.

Bei dem bereits erwähnten Wettbewerb der Académie Française von 1792 wurde unter anderem danach gefragt, welche Auswirkungen die Ausweitung nach Übersee für Europa selbst hatte, eine Frage, die natürlich auch in unseren Tagen auf Interesse stößt. Heute, da Europa sich abermals der Ambivalenz seiner Beziehungen zur übrigen Welt schmerzlich bewußt wird, erkennt es auch seine Möglichkeit, sich selbst anders zu sehen, nämlich als Teil der weltumspannenden Gemeinschaft der Menschen, deren Existenz die Geschichte Europas tiefgreifend beeinflußt und verändert hat. Eine durchaus begrüßenswerte Erkenntnis, die allerdings nicht frei ist von einem gewissen Narzißmus. Ihm ließ man im achtzehnten Jahrhundert freien Lauf, und er zeigt sich am deutlichsten dort, wo es um das Verhältnis zu Amerika geht. Denn dieses Verhältnis war stets ein ganz spezifisches, und zwar in dem Sinne, daß Amerika, anders als Asien und Afrika, im Grunde ein Produkt Europas war. Amerika und Europa sind auf ewig unlösbar miteinander verbunden, ihre Geschicke sind miteinander verwoben.

Über die Rolle, die der Mythos Amerika für die moralische und intellektuelle Entwicklung Europas spielte, sind sich die Historiker mittlerweile einig. Zu Beginn unseres Jahrhunderts hat Gilbert Chinard in seinem beeindruckenden Werk über Amerika und den exotischen Traum in der französischen Literatur[11] mit glänzender Detailgenauigkeit den wechselvollen Prozeß veranschaulicht, in dessen Verlauf eine idealisierte Neue Welt die Hoffnungen und Sehnsüchte der Alten Welt so lange am Leben erhalten half, bis Europa bereit war, Amerikas Botschaft von Erneuerung und Revolution aufzunehmen und darauf zu reagieren. George Atkinsons Studie über die Schriften und Ansichten der französischen Geographen[12] und Antonello Gerbis erst kürzlich erschienener umfassender Überblick über die Diskussionen des achtzehnten Jahrhunderts zu der Frage, ob Amerika eine verderbte oder eine Welt der Unschuld sei[13], können als Ergänzung und Konkretisierung von Chinards Werk angesehen werden. Und noch ein Buch fällt in der ständig wachsenden Zahl von Schriften über Europa und den Amerikanischen Traum auf: *The Invention of America* von dem hervorragenden mexikanischen Geschichtsphilosophen Edmundo O'Gorman, der die höchst originelle These vertritt, die Europäer hätten Amerika im sechzehnten Jahrhundert nicht entdeckt, sondern erfunden.[14]

Neben diesen Beiträgen, die sich mit der Rolle des Mythos Amerika im europäischen Denken beschäftigen, stoßen, vor allem in der spanischsprachigen Welt, die Amerika-Interpretationen spanischer Geschichtsschreiber, Missionare und Beamter auf wachsendes Interesse. Noch bedürfen diese Texte unendlich vieler eingehender Analysen, doch genügt das bisher Erreichte bereits, um Humboldt recht zu geben, der vielleicht ein wenig herablassend behauptete: »Wenn man sich ernsthaft mit den Originalwerken der frühesten Geschichtsschreiber der Conquista beschäftigt, so staunt man, oft schon den Keim so wichtiger physischer Wahrheiten in den spanischen Schriftstellern des 16. Jahrhunderts zu entdecken.«[15] Die spanischen Texte, ja eigentlich die gesamte Literatur des sechzehnten Jahrhunderts zu den Forschungs- und Entdeckungsreisen, bieten der Wissenschaft bis auf den heutigen Tag reichlich Stoff. Das Studium dieser Texte wird dort am einträglichsten sein, wo intelligente Autoren den Versuch unternehmen, es einzubetten in einen größeren Kontext von Informationen und Ideen. Die Aussage eines Textes kann viele unserer Wissenslücken bezüglich der nichteuropäischen Gesellschaften schließen helfen, liefert sie uns doch wichtiges Material für eine ethnisch orientierte Historiographie, die die Berichte der europäischen Historiker mit den Ergebnissen ethnographischer Feldforschung konfrontiert. Aus ihr erfahren wir auch allerhand Interessantes über die europäische Gesellschaft – über die Ideen, Haltungen und Vorurteile, die die Europäer der frühen Neuzeit auf ihren Weltreisen als geistiges Gepäck bei sich hatten. Was haben sie gesehen, was übersehen? Was führte zu welchen Reaktionen? Margaret Hodgen versucht auf einige dieser Fragen Antwort zu finden. Ihr Buch *Early Anthropology in the Sixteenth and Seventeenth Centuries*[16] ist eine überaus bedeutende Pionierleistung.

Diese Bücher ragen heraus aus der Masse der übrigen Publikationen, und das nicht nur, weil sie schlechterdings vorzüglich sind, sondern auch, weil sich ihre Autoren der Thematik auf eine ganz besondere Art und Weise nähern. Alle vier verfolgen mehr oder weniger das Anliegen, Europas Reaktionen auf die nichteuropäische Welt im Zusammenhang mit der allgemeinen Geschichte von Kultur und Denken in Europa zu untersuchen. Das ist ein sehr erfolgversprechender Ansatz, und gerade diese Frage hat es bitter nötig, neu bewertet und im Zusammenhang betrachtet zu werden. Denn die Literatur über die Entdeckung und Kolonisierung der Neuen Welt ist trotz ihres immensen Umfangs in vielerlei Hinsicht noch so fragmentarisch und behandelt die einzelnen Aspekte der Problematik so isoliert, als ob wir es hier mit einem separaten Gebiet der Geschichtswissenschaft zu tun hätten.

In England hat man nach J. R. Hales Auffassung versäumt, die Erkundung der Neuen Welt in den Kontext der europäischen Geschichte insgesamt einzubinden.[17] Ein Versäumnis, das die hier inzwischen in Gang gekommenen Bemühungen um eine zusammenfassende Darstellung aller bisher gewonnenen Erkenntnisse über den Einfluß der Entdeckung und Besiedlung Amerikas auf das Europa der frühen Neuzeit bis zu einem gewissen Grade rechtfertigen dürfte. Es ist nur natürlich, daß sich dabei eine ganze Reihe verschiedener Forschungsgebiete auftun, denn Amerikas Einfluß auf das Europa des sechzehnten und frühen siebzehnten Jahrhunderts erstreckt sich auf unendlich viele Dinge. Die Entdeckung Amerikas wirkte sich entscheidend auf das *geistige Leben* in der Alten Welt aus, kamen doch die Europäer so mit neuen Ländern und Völkern in Berührung, was sie mit der Notwendigkeit konfrontierte, etliche ihrer althergebrachten geographischen, theologischen, geschichtlichen und anthropologischen Vorstellungen neu zu durchdenken. Auf *ökonomischem* Gebiet war Amerika ebenfalls eine Herausforderung, denn es erwies sich sehr bald nicht allein als Lieferant von Erzeugnissen und Dingen, die in Europa auf Nachfrage stießen, sondern auch als verheißungsvolles Expansionsgebiet für die europäische Wirtschaft. Und schließlich konnte auch die Tatsache, daß sich die europäischen Staaten in Amerika Land und Bodenschätze aneigneten, nicht ohne wesentliche *politische* Folgen bleiben, denn dies wirkte sich auf die gegenseitigen Beziehungen aus und führte zu Veränderungen in den Machtverhältnissen.

Wer die europäische Geschichte unter dem Gesichtspunkt der äußeren Einflüsse, denen sie ausgesetzt war, untersucht, gerät leicht in Versuchung, überall Spuren solcher Einflüsse finden zu wollen. Doch oft ist ihr Fehlen mindestens ebenso aufschlußreich wie ihr Vorhandensein; und wenn die historische Erfahrung der Entdeckung Amerikas einige Bereiche des europäischen Denkens noch nach über hundert Jahren merkwürdig unberührt gelassen hatte, so läßt das durchaus Rückschlüsse auf den Charakter der europäischen Zivilisation zu. Die Neue Welt ist in der europäischen Geschichte seit 1492 ständig präsent, wenngleich diese Präsenz sich zu verschiedenen Zeiten auf verschiedene Weise bemerkbar gemacht hat. Daher darf die Geschichtsschreibung Amerika und Europa nicht voneinander losgelöst betrachten, wie sehr die Partnerschaft dieser beiden Kontinente vor dem späten siebzehnten Jahrhundert auch im Dunkeln liegen mag. Vielmehr sollten wir ihre Geschichte als permanentes Zusammenspiel von zwei unterschiedlichen Grundthemen sehen.

Das eine dieser beiden Themen ist Europas Versuch, eine neuentdeckte Welt nach seinem Bilde zu formen, ihr seine Absichten und seine Werte aufzuzwingen – mit allen Konsequenzen, die das für diese so von ihm erschaffene Welt hatte. Das andere ist die Frage, wie das wachsende Wissen über den Charakter der Neuen Welt, ihre Möglichkeiten und Herausforderungen dazu beitrug, die Alte Welt zu gestalten und zu verändern, die ihrerseits diese Neue Welt gestalten und verändern wollte. Das erstgenannte Thema hat stets größere Beachtung gefunden als das zweite, aber im Grunde sind beide gleichermaßen wichtig und müssen im Zusammenhang gesehen werden. Im Augenblick jedoch bedarf das zweite mehr als das erste der Aufmerksamkeit des Historikers. Ungefähr seit 1650 ist es üblich, die europäische Geschichte im großen und ganzen in ihrer Beziehung zur Geschichte Amerikas darzustellen. Für das sechzehnte und frühe siebzehnte Jahrhundert hingegen fehlt es noch immer an einer umfassenden Wertung der Rolle, die Amerika für Europa gespielt hat.

»Es ist bemerkenswert«, schreibt der Pariser Rechtsanwalt Etienne Pasquier um 1560, »daß unsere klassischen Schriftsteller über dieses ganze Amerika, das wir die Neuen Länder nennen, nichts wußten.«[18] Pasquier erfaßt hier etwas von der Bedeutung Amerikas für das Europa seiner Zeit. Da war ein ganz neues Phänomen, das den gesamten Erfahrungsschatz und alle normalen Erwartungen Europas bei weitem übertraf. Die Europäer wußten, wenn auch nur dunkel und ungenau, etwas von Afrika und Asien. Über

Amerika und seine Bewohner aber wußten sie nichts. Die Beziehung der Europäer zu Amerika im sechzehnten Jahrhundert unterschied sich grundlegend von der der Portugiesen zu Afrika im fünfzehnten Jahrhundert. Was es mit den Afrikanern auf sich hatte, war, zumindest in groben Zügen, bekannt. Bei den Amerikanern sah es anders aus. Allein die Existenz Amerikas, die allmählich um sich greifende Erkenntnis, daß dieses Amerika nicht bloß ein Anhängsel von Asien, sondern ein eigenständiger Kontinent war, stellte einen ganzen Komplex von überlieferten Vorstellungen, Überzeugungen und Haltungen in Frage. Man muß sich das Ausmaß dieser Herausforderung vergegenwärtigen, um einen der erstaunlichsten Grundzüge der Geistesgeschichte des sechzehnten Jahrhunderts verstehen zu können, nämlich die scheinbare Langsamkeit, mit der in Europa die intellektuellen und emotionalen Prozesse vonstatten gingen, die nötig waren, damit Amerika überhaupt erst einmal in den Gesichtskreis der Europäer gelangen konnte.

Auf den ersten Blick scheint nicht eindeutig bewiesen, daß zwischen der Entdeckung Amerikas und der Verinnerlichung dieser Entdeckung durch die Europäer eine zeitliche Differenz lag. Schließlich mangelt es nicht an Belegen dafür, welche Aufregung die Nachricht von Kolumbus' Landung hervorgerufen hat. »Freuet Euch ... Vernehmet die Kunde von der neuen Entdeckung!«, schrieb der italienische Humanist Peter Martyr am 13. September 1493 an den Grafen von Tendilla und an den Erzbischof von Grenada. Christoph Kolumbus, so berichtete er, »ist gesund und wohlbehalten zurückgekehrt. Er sagt, daß er wunderbare Dinge gefunden hat, und zum Beweis dafür, daß es Minen gibt in diesen Regionen, hat er Gold mitgebracht.« Und Martyr berichtet weiter, Kolumbus habe Menschen entdeckt, die nackt umherliefen und zufrieden mit dem lebten, was die Natur ihnen biete. Sie hätten Könige; sie kämpften mit Knüppeln und mit Pfeil und Bogen. Trotz ihrer Nacktheit bestritten sie Machtkämpfe, und sie heirateten auch. Sie beteten Himmelserscheinungen an, doch sei der genaue Charakter ihrer Religion noch unbekannt.[19]

Kolumbus' erster Brief wurde im Jahre 1493 neunmal gedruckt und verlegt und erlebte bis 1500 etwa zwanzig Auflagen[20] – ein Indiz dafür, daß Martyrs Begeisterung weithin geteilt wurde. Die vielen Abdrucke dieses Briefes und der Berichte späterer Forschungsreisender und *Conquistadores,* die fünfzehn Auflagen der gesammelten Reiseberichte von Francanzano Montalboddo, die erstmals 1507 unter dem Titel *Paesi Novamente Retrovati* in Venedig erschienen, die zahlreichen Berichte über Ramusios Reisen um die Jahrhundertmitte – all das zeugt davon, daß die Nachricht von den Entdeckungen im Europa des sechzehnten Jahrhunderts große Neugier und Anteilnahme hervorrief.[21]

Auch braucht man nicht lange zu suchen, um bei einzelnen Autoren des sechzehnten Jahrhunderts ein positives Echo auf die Größe und die Tragweite der Ereignisse zu finden, die sich vor ihren Augen vollzogen.

Guicciardini war voll des Lobes über das Können und den Mut der Spanier und Portugiesen, vor allem aber eines Mannes wie Kolumbus, »die unserem Zeitalter die Kunde von solchen großartigen und unerwarteten Dingen brachten«.[22] Der im Jahre der Entdeckung Amerikas geborene Juan Luis Vives schrieb 1531 in der Zueignung zu seinem Juan III. von Portugal gewidmeten Werk *De Disciplinis:* »Wahrhaftig, der Erdball ist der Menschheit erschlossen.«[23] Acht Jahre später, 1539, äußerte der Philosoph Lazzaro Buonamico aus Padua eine Überlegung, die, nachdem sie der französische Autor Louis Le Roy um 1570 weitergedacht hatte, in der europäischen Historiographie zu einer Binsenwahrheit werden sollte: »Soll niemand glauben, es gäbe etwas, das unserem oder dem vorangegangenen Zeitalter mehr Ehre macht als die Erfindung der Druckerpresse und die Entdeckung der Neuen Welt; dies beides ist in meinen Augen nicht nur mit der Antike, sondern mit der Unsterblichkeit zu vergleichen.«[24] Und Gómara gab 1552 in der an Karl V. gerichteten Zueignung seiner *Historia General de las Indias* die wohl bekannteste und gewiß auch treffendste Einschätzung der Tragweite, die jenes Jahr 1492 besaß: »Das größte Ereignis seit der Erschaffung der Welt (ausgenommen die Menschwerdung und den Tod ihres Schöpfers) ist die Entdeckung der Westindischen Inseln.«[25]

Und doch müssen wir neben diesen Indizien für die Existenz eines Bewußtseins von der Bedeutung der Entdeckung Amerikas und seines Entdekkers auch die nicht minder deutlichen Indizien für das Fehlen eines solchen Bewußtseins sehen. Über die historische Größe Christoph Kolumbus' wird nach wie vor gestritten[26], und es lassen sich auch schon aus der Behandlung, die dieser Mann durch die Autoren des sechzehnten Jahrhunderts erfährt, einige der Schwierigkeiten ersehen, die es ihnen bereitete, seine geschichtliche Leistung einzuschätzen. Von ein, zwei Ausnahmen abgesehen, zeigten jene Historiker wenig Interesse an seiner Persönlichkeit und seinem Werdegang, ja manche kannten nicht einmal seinen Vornamen. Als er in Valladolid starb, versäumte man es, seinen Tod in der Stadtchronik festzuhalten.[27] Kolumbus schien dem Vergessen anheimfallen zu sollen, teils weil er nicht dem Heldenbild des sechzehnten Jahrhunderts entsprach, teils weil die tatsächliche Bedeutung dessen, was er vollbracht hatte, sich so schwer fassen ließ.

Es gab jedoch stets ein paar Köpfe, vor allem in seiner Heimat Italien, die Kolumbus Gerechtigkeit widerfahren ließen. Nicht zuletzt dank der Entschlossenheit seines Sohnes Hernando, das Andenken des Vaters lebendig zu halten, was ihm mit seiner berühmten, 1571 in Venedig erschienenen Biographie[28] auch gelang, blieb der Name Kolumbus der Welt erhalten. Sir Francis Bacons Einfall, dem Entdecker Amerikas in der »allen großen Erfindern« gewidmeten Statuensammlung von New Atlantis ein Denkmal zu setzen, war wahrlich nicht gerade originell. Der Italiener Benzoni hatte in seiner 1565 erschienenen *Geschichte der Neuen Welt* bereits erklärt, daß man Kolumbus, hätte er »im Zeitalter der Griechen und Römer oder in irgendeiner anderen freisinnigen Nation« gelebt, sicherlich ein Denkmal errichtet hätte. Den gleichen Gedanken hatte Ramusio, auch er ein Landsmann von Kolumbus, schon einige Jahre früher geäußert. Und der hatte die Idee vermutlich aus der *Historia de las Indias* seines spanischen Freundes Gonzalo Fernández de Oviedo. Unter Hinweis auf berühmte Standbilder der klassischen Antike hatte jener betont, als »erster Entdecker und Finder jener Westindischen Inseln« verdiene es Kolumbus sogar noch mehr, daß man seiner gedenke. »Ein tapferer, kluger Seemann, ein mutiger Kapitän, hat er uns zu dieser Neuen Welt geführt, die so voll ist von Gold, daß man aus dem Golde, das nach Spanien gesandt wird, Tausende solcher Statuen hätte machen können. Aber mehr noch gebührt ihm der Ruhm und die Ehre, den katholischen Glauben in diese Regionen getragen zu haben . . .«[29]

Gold und Bekehrung – das waren die beiden Dinge, die man zuallererst mit Amerika in Verbindung brachte und am ehesten auch mit dem Namen seines Entdeckers assoziierte. Zum Helden wurde Kolumbus erst nach und nach stilisiert. Er ist Protagonist etlicher italienischer Epen aus den letzten zwei Jahrzehnten des sechzehnten Jahrhunderts, und 1604 wurde er schließlich in Lope de Vegas vorzüglichem Stück *El Nuevo Mundo descubierto por Cristóbal Colón* zum Dramenhelden. Der Dramatiker würdigt die historische Tragweite von Kolumbus' Leistung, indem er Ferdinand dem Katholischen das überlieferte Dogma, daß die Welt eine dreiseitige Kugel sei, bekräftigen läßt. Höhnisch erklärt der Monarch hier, es sei ausgeschlossen, daß ein noch unentdeckter Erdteil existiere. Lope de Vegas' Kolumbus hingegen ist ein von der Welt verspotteter Träumer, der schon im Begriff ist, sich zu jenem romantischen Helden zu entwickeln, der eines Tages zum Symbol des unstillbaren Forscherdrangs des Menschen werden soll.

Andeutungsweise finden wir diese Kolumbus-Verklärung bereits im sechzehnten Jahrhundert. Häufiger jedoch ordnete man ihn einer auf der Idee der Vorsehung basierenden Geschichtskonzeption unter, in der er als göttliches Werkzeug zur Verbreitung des Evangeliums dargestellt wurde, und selbst in dieser Rolle sah er sich durch die eindeutigere Heldengestalt eines Hernando Cortés auf Platz zwei verwiesen. Doch nicht einmal durch die massenhafte Bekehrung bis dahin unbekannter Völker konnten Kolumbus, Cortés oder die Neue Welt im Bewußtsein der Europäer Fuß fassen. In bestimmten Kreisen – vor allem unter den Humanisten, beim Klerus und in der Kaufmannschaft einiger führender europäischer Städte – gab es starkes Interesse, das allerdings nur partiell und oft auf ganz bestimmte Aspekte beschränkt war. Die lesende europäische Öffentlichkeit indes interessierte sich offenbar nicht sonderlich für das eben erst entdeckte Amerika.

Leider fehlt uns das nötige statistische Material, um diese Behauptung zu beweisen. Die bisher umfassendste Auskunft über den Lesergeschmack des sechzehnten Jahrhunderts kommt aus Frankreich, wo laut Atkinsons Übersicht zur geographischen Literatur zwischen 1480 und 1609 die Anzahl von

Büchern über die Türkei und Asien viermal so groß war wie die der Schriften über Amerika. In den letzten zehn Jahren des von Atkinson berücksichtigten Zeitraums stieg der Anteil an Büchern über Asien sogar noch weiter.[30] Wie es in den anderen Ländern Europas aussah, können wir nur vermuten. In England weist vor Mitte des sechzehnten Jahrhunderts, als das neuerliche Bündnis mit Spanien den längst überfälligen Impuls gab, wenig auf ein Interesse an einschlägiger Literatur hin. In Italien hat die in der Anfangsphase der Entdeckungen sehr beachtliche Nachfrage offenkundig nur so lange angehalten, wie diese unter italienischer Beteiligung stattfanden, also bis ungefähr 1520; allerdings deutet eine Flut von Übersetzungen ausländischer Berichte darauf hin, daß die Aufmerksamkeit ab 1550 plötzlich wieder auflebte. Mit Ausnahme derer, die beruflich mit dem Thema befaßt waren, legten die spanischen Autoren hinsichtlich der Neuen Welt eine merkwürdige Zurückhaltung an den Tag. Schon bevor 1569 der erste Teil von Ercillas *Araucana* erschien, erzählten Epen von den Heldentaten, die zum Ruhme Spaniens in Italien und Afrika vollbracht worden waren, die nicht minder heroischen Taten aber, die Spanien auf den Westindischen Inseln zur Ehre gereichen sollten, wurden – sehr zum Leidwesen von Bernal Díaz – ignoriert. Und das ausgerechnet in dem Land, wo man dies am wenigsten erwarten würde. Mag sein, daß weder die aus eher bescheidenen Verhältnissen stammenden *Conquistadores* noch ihre barbarischen Gegenspieler den hohen Anforderungen genügten, die man an Helden der Dichtung stellte.[31]

Doch selbst wenn der Mangel an statistischen Erhebungen weniger eklatant wäre, bliebe noch immer die Schwierigkeit, die Resultate solcher Erhebungen zu interpretieren. Wir haben es hier mit einem Gebiet zu tun, bei dem es besonders riskant ist, qualitative Schlüsse aus quantitativen Angaben ziehen zu wollen. Kürzlich wurde festgestellt, daß in neununddreißig polnischen Büchern und Manuskripten aus dem sechzehnten und siebzehnten Jahrhundert über sechzig Hinweise auf Amerika vorkommen. Sicher eine beeindruckende Zahl, sieht man jedoch genauer hin, so stellt sich heraus, daß die Neue Welt hier in der Regel sehr einseitig entweder als Symbol für das Exotische oder als Zeugnis für die Leistungen der glorreichen Kirche erwähnt wird und daß sich die Polen im sechzehnten Jahrhundert nicht sonderlich für Amerika interessiert haben.[32] Andererseits könnte man argumentieren, daß die *qualitativen* Veränderungen, die das europäische Denken durch die Neue Welt und ihre Völker erfuhr, weit mehr Gewicht haben als die quantitative Menge der den Lesern verfügbaren Informationen. Montaigne bezog sein Wissen größtenteils aus Gómaras *Historia de las Indias,* doch schon dieses eine Buch, das er in der französischen Übersetzung von 1584 las, hatte entscheidenden Einfluß auf seine gesamte Haltung zum Thema Eroberung und Kolonisation.[33]

Trotzdem fällt es schwer, angesichts der merkwürdigen Lücken und des nachhaltigen Schweigens, die uns so häufig gerade dort begegnen, wo man eigentlich durchaus Hinweise auf die Neue Welt erwarten könnte, unbeeindruckt zu bleiben. Wie kommt es, daß in so vielen Memoiren und Chroniken, auch in der Autobiographie Karls V. übrigens, die Neue Welt mit keinem Wort erwähnt wird? Wie kommt es, daß man bis in die letzten zwanzig, dreißig Jahre des sechzehnten Jahrhunderts hinein hartnäckig daran festhielt, die Welt so darzustellen, als ob sich im Grunde seit Strabo, Ptolemäus und Pomponius Mela nichts verändert hätte? Wie kommt es, daß die Kosmographien der Antike, von denen man doch wußte, daß sie durch die Entdeckungen überholt waren, ein ums anderemal nachgedruckt und weiterhin in den Schulen verwendet wurden?[34] Wie kommt es, daß ein so belesener und wißbegieriger Mann wie Bodin die ihm zugänglichen Informationen über die Völker der Neuen Welt so wenig in seine politischen und sozialphilosophischen Schriften einfließen ließ?

Die Unlust der Kosmographen und Sozialphilosophen, das neue Wissen, das sie der Entdeckung Amerikas verdankten, in ihre Werke einzuarbeiten, zeugt von einem umfassenderen Problem, das die Kunde von der Existenz der Neuen für die Alte Welt mit sich brachte. Ob es um die Geographie Amerikas, seine Flora und Fauna oder um die Eigentümlichkeiten seiner Bewohner geht, die europäischen Reaktionen verlaufen stets nach dem gleichen Muster. Es ist, als hätten die Europäer an einem bestimmten Punkt sozusagen im Geiste die Jalousien heruntergelassen, als hätten sie sich, auf einmal überfordert von den vielen Dingen, die es da zu sehen, aufzunehmen und zu verstehen gab, wieder in das Halbdunkel ihrer alten Geisteswelt verkrochen.

Die Art, wie die Europäer im sechzehnten Jahrhundert reagierten, war durchaus nicht neu. Hatten sie sich doch schon im Mittelalter unerhört schwer damit getan, den Islam zu verstehen und zu akzeptieren; und Verständnis ist eine schwierige Sache, auf dem Weg dorthin begegnet man allenthalben Vorurteilen, Irrtümern und Gleichgültigkeit; da geht es nicht auf gerader Strecke vorwärts, das ist ein ständiges Vor und Zurück.[35] Das ist auch nicht verwunderlich, denn wenn eine Gesellschaft sich der Mühe unterzieht, eine andere begreifen zu wollen, muß sie zwangsläufig auch dazu kommen, sich selbst auf andere, neue Weise zu beurteilen. In seinem Aufsatz *Understanding a Primitive Society* schreibt Professor Peter Winch: »Die ernsthafte Auseinandersetzung mit einer anderen Lebensweise schließt nolens volens das Bemühen ein, unsere eigene zu erweitern, und diese andere Lebensweise nicht einfach nur dem bereits existierenden System der unseren einzuverleiben, denn das, was dieses System in seiner bestehenden Form kennzeichnet, ist, daß es jene andere Lebensweise *ex hypothesi* ausschließt.«[36] Dieser Prozeß ist zwangsläufig mit Qualen verbunden; viele überkommene Vorurteile und ererbte Vorstellungen gehen dabei über Bord. Darum muß es uns nicht wundern, daß die Europäer im sechzehnten Jahrhundert entweder die Herausforderung nicht zur Kenntnis nahmen oder aber die Mühe scheuten. Und schließlich gab es da noch einen angenehmeren Ausweg. Ihn beschritt der spanische Humanist Hernando Pérez de Oliva, der 1528 schrieb, Kolumbus habe seine zweite Reise angetreten, »um die Welt zu vereinigen und jenen fremden Ländern die Gestalt der unseren zu geben«.[37]

»Um jenen fremden Ländern die Gestalt der unseren zu geben« – da haben wir es wieder, dieses eingefleischte Bewußtsein der eigenen Überlegenheit, das seit jeher der ärgste Feind des Verständnisses ist. Wie können wir von einem Europa, das sich seiner Unfehlbarkeit, seines einzigartigen Ranges und seiner erhabenen Stellung im göttlichen Weltgefüge so sicher ist, erwarten, daß es auch nur den Versuch unternimmt, eine Welt zu begreifen, die anders ist als die eigene? Aber dieses Europa war inzwischen nicht mehr das abgeschlossene Europa des »Zeitalters der Unwissenheit«.[38] Es war vielmehr das Europa der Renaissance – das Europa der »Entdeckung der Welt und des Menschen«. Wenn aber die Ideen und Lebenshaltungen der Renaissance eine wichtige, wenn auch im einzelnen vielleicht nur schwer zu bestimmende Rolle spielten, indem sie die Europäer dazu anregten, ihren geographischen und ihren geistigen Horizont durch Entdekkungsreisen zu erweitern, dürfen wir dann nicht auch eine frische Bereitschaft zur Offenheit gegenüber neuem Wissen und neuen Impulsen aus einer neuentdeckten Welt erwarten?[39]

Nicht unbedingt. In mancher Hinsicht brachte die Renaissance, zumindest in ihren frühen Stadien, eher eine geistige Einengung als eine Öffnung des Geistes mit sich. Aus der Ehrfurcht vor der Antike wurde kritikloser Kult, und die Obrigkeiten wehrten der Erfahrung mit neuen Dogmen. Rahmen und Inhalt traditioneller Lehrfächer wie der Kosmographie oder der Sozialphilosophie waren durch die antiken Texte eindeutig definiert, und als diese Texte zum erstenmal schwarz auf weiß gedruckt wurden, verhalf ihnen das zu noch größerer Autorität. Verglichen mit den über Jahrhunderte angehäuften Erkenntnissen, mußte das neue Wissen aus den fremdländischen Quellen irrelevant, wenn nicht gar unglaubhaft erscheinen. Bei dieser Hörigkeit gegenüber dem Altbewährten war es nicht verwunderlich, daß niemand, am wenigsten die gebildeten Schichten, es eilig hatte, die Neue Welt wahrzunehmen.

Es kann auch sein, daß eine Gesellschaft, die, ähnlich wie das Christentum im späten Mittelalter, mit großen moralischen, geistigen und politischen Problemen zu ringen hatte, zu sehr mit ihren inneren Umwälzungen beschäftigt war, um Erscheinungen, die sie allenfalls am Rande interessierten, mehr als sporadische Aufmerksamkeit widmen zu können. Vielleicht darf man von einer solchen Gesellschaft wirklich nicht erwarten, daß sie noch einen weiteren radikalen Anpassungsprozeß vollzieht, und diesmal sogar einen, der von ihr verlangt, sich einer völlig neuen Skala fremdländischer Erfahrungen zu öffnen. Dem wäre indes entgegenzuhalten, daß eine Gesellschaft, die in Bewegung ist und Anzeichen von Unzufriedenheit aufweist, besser imstande sein müßte, sich auf neue Eindrücke und Erfahrungen einzulassen, als eine stagnierende, selbstzufriedene Gesellschaft, die sich im Vertrauen auf die eigene Überlegenheit sicher fühlt.[40]

Inwieweit es den Europäern im sechzehnten Jahrhundert gelang, sich auf die Westindischen Inseln einzulassen, und inwieweit sie dabei versagt haben, läßt sich bis zu einem gewissen Grade daran messen, wie sich ein anderes Volk, die Chinesen zur Zeit der Tang-Dynastie, in einer vergleichbaren Situation, nämlich nach der Rückeroberung der südlichen Tropengebiete von Nam-Viet, verhielt. Professor Edward Schafer hat dies kürzlich in seinem bemerkenswerten Buch *The Vermilion Bird* untersucht.[41] Die Resultate seiner Forschungen lassen darauf schließen, daß die chinesischen Kolonialbeamten im siebzehnten Jahrhundert bei der Einschätzung und Beschreibung eines fremden Milieus auf ganz ähnliche Schwierigkeiten stießen wie die spanischen Kolonialbeamten im sechzehnten Jahrhundert, und daß sie im wesentlichen genau wie diese reagierten. Chinesen wie Spanier stellten Beobachtungen an und schrieben diese gewissenhaft nieder, aber sie waren, um mit Professor Schafer zu sprechen, »Sklaven ihrer ökologischen Nachschlagewerke«.[42] Befangen in vorgefaßten Meinungen und Vorstellungen, konnten sie nur das sehen, was sie zu sehen erwarteten, und kamen nicht umhin, diejenigen Wesenszüge des Lebens in den südlichen Ländern, auf die sie geistig nicht vorbereitet waren, zu ignorieren oder abzulehnen. Sie stellten (ihren Erwartungen gemäß) fest, die Bewohner jener Gebiete seien affenartige Barbaren, die tropische Landschaft sei ohne jeden Reiz. Sicher, Beamtengeist und Klischeedenken gehören seit jeher zusammen, und doch, angesichts der ungewohnten Umgebung erweiterte sich der geistige Horizont mancher Chinesen in den Südprovinzen allmählich, und das kam ihrer Literatur und ihrem Denken zugute.

Dieses poetische Echo der Chinesen auf ihre seltsame neue Welt hatte in Europa keine Entsprechung, aber letztlich half Amerika den geistigen Horizont der Europäer auf andere, vielleicht bedeutendere Weise erweitern. In beiden Fällen gab es indes die gleiche anfängliche Unsicherheit, und in beiden Fällen dauerte es gleichermaßen lange, bis überhaupt reagiert werden konnte. Bedenkt man jedoch die enorme geistige Anpassung, die dazu nötig war, dann hat Europa im sechzehnten Jahrhundert vielleicht gar nicht so langsam reagiert, wie es bisweilen scheinen mag. Und nicht annähernd so langsam, wie man angesichts der Geschichte des Christentums im vorangegangenen Jahrtausend hätte denken können. Das Europa der frühen Neuzeit reagierte schneller auf die Erfahrung der Neuen Welt Amerika als das Europa des Mittelalters auf die islamische Welt. Daraus könnte man schließen, daß entweder die Dinge, die die Menschen über die Westindischen Inseln lernen mußten, leichter faßlich waren, oder daß Europa inzwischen eher bereit war, die Schulbank zu drücken. Wahrscheinlich kam beides zusammen. Gut möglich, daß man angesichts der Langsamkeit des Lernprozesses – des Zauderns, der Rückschläge und der Wissenslücken, die trotz gelernter Lektionen blieben – die Geduld verlor. Aber es hat auch etwas Anrührendes, wie sich diese Europäer im sechzehnten Jahrhundert vorwärtstasteten in dem Bemühen, sich irgendwie auf die Länder und Völker einzulassen, die ihnen so unerwartet dort in der Ferne, jenseits des Atlantischen Ozeans begegnet waren.

Denn ehe die Neue Welt in das europäische Denken Eingang finden konnte, galt es, gewaltige Schwierigkeiten zu überwinden. Es gab Hindernisse zeitlicher und räumlicher Natur, solche, die in der Tradition begründet lagen, milieubedingte Schwellen und Sprachbarrieren, alles Hürden, die sich nur durch Anstrengungen auf den verschiedensten Ebenen beseitigen ließen. Wenigstens vier Schritte waren dazu nötig, und jeder davon war mit bestimmten Problemen verbunden. Der erste Schritt war das Beobachten, worunter Humboldt nicht nur das bloße Sehen verstand, denn für ihn hieß Beobachten »vergleichend kombinieren«.[43] An zweiter Stelle kam die Beschreibung; das Fremde mußte so beschrieben werden, daß auch die Menschen, die es nicht gesehen hatten, es begreifen konnten. Der dritte Schritt war, das neue Wissen, die neuen Vorstellungen und Ideen zu verbreiten, so daß sie in den akzeptierten Denkmodellen mit untergebracht werden konnten. Als viertes kam das Verstehen, die Fähigkeit also, sich auf das Unerwartete, das Fremde einzulassen, ihm eine Daseinsberechtigung zuzugestehen und – was am schwersten war – die einmal verinnerlichten Grenzen des Denkens so weit zu dehnen, daß das Neue darin Platz fand.

Was die Europäer sahen, wenn sie den Atlantik überquert hatten, und *wie* sie es sahen, das hängt natürlich davon ab, welcher Klasse von Europäern sie angehörten. Der Gesichtskreis des Menschen wird von seiner Herkunft und seinen beruflichen Interessen bestimmt. Soldaten, Geistliche, Kaufleute und juristisch gebildete Beamte sind unsere Gewährsleute; ihren Beobachtungen verdanken wir den größten Teil unserer unmittelbaren Informationen über die Neue Welt und ihre Bewohner. Jede dieser Klassen hat ihre Vorurteile und ihre Schranken, und es wäre interessant, sich einmal einen systematischen Überblick über Art und Ausmaß der Vorurteile bei den einzelnen Berufsgruppen zu verschaffen und zu ermitteln, inwieweit diese Vorurteile bei einigen ihrer Vertreter durch eine humanistische Erziehung gemildert oder modifiziert wurden.

Ein spanischer Kolonialbeamter auf den Westindischen Inseln, der viele der Schranken seiner Klasse überwand, der zum Beispiel die Sprache der Ketschua lernte und auf diese Weise außerordentlich tiefe Einblicke in ihre Gesellschaft gewann, war Juan de Betanzos. In der Zueignung zu seiner 1551 verfaßten Geschichte der Inkas spricht er von seinen Schwierigkeiten bei der Arbeit an diesem Werk. Es gab eine solche Menge an widersprüchlichen Informationen, daß er betroffen feststellen mußte, »wie verschieden die *Conquistadores* doch über diese Dinge sprechen, und wie weit sie doch vom Alltagsleben der Indianer entfernt sind. Und ich glaube, das kam, weil ihnen damals weniger daran lag, etwas zu begreifen, als daran, das Land zu unterwerfen und es sich anzueignen. Es hatte auch damit zu tun, daß sie neu waren auf den Westindischen Inseln und nicht wußten, wie man Fragen stellt und wie man Dinge in Erfahrung bringt, denn sie beherrschten ja die Sprache nicht, und die Indianer wiederum waren zu verängstigt, um ihnen erschöpfend Auskunft zu geben.«[44]

Das vordergründig professionelle Interesse der *Conquistadores* und ihre Schwierigkeiten, in irgendeiner Form mit den Indianern ins Gespräch zu kommen, dürften mehr als hinlänglich erklären, weshalb ihre Berichte die Neue Welt und ihre Bewohner nur sehr dürftig beschreiben. Es ist schon ein seltener Glücksfall, daß an der Eroberung Mexikos mit Cortés und Bernal Días – beide übrigens Soldaten – zwei äußerst präziser Beobachtung fähige Geschichtsschreiber teilnahmen, die darüber hinaus noch die Gabe besaßen, ihre Wahrnehmungen höchst lebendig zu schildern. Cortés erzählt in Briefform, und er ermöglicht uns dabei, den Schritt der Beobachtung im Humboldtschen Sinne nachzuvollziehen. Er bemüht sich, das Exotische in vertraute Begriffe zu fassen, so bezeichnet er beispielsweise die Tempel der Azteken als Moscheen oder vergleicht den Marktplatz von Tenochtitlán mit dem von Salamanca.[45] Aber seine Beobachtungsgabe hat offenbar auch ihre Grenzen, und die liegen vor allem dort, wo es darum geht, die ungewöhnliche Landschaft zu beschreiben, durch die er mit seiner Invasionsarmee marschierte.

Übrigens scheiterten die meisten Geschichtsschreiber genau wie Cortés daran, die landschaftlichen Eigentümlichkeiten der Neuen Welt zu beschreiben und zu veranschaulichen. Doch Ausnahmen bestätigen die Regel. Der Italiener Verrazano[46] vermittelt uns einen deutlichen Eindruck von den dichten Wäldern, die für die Küste Nordamerikas charakteristisch sind; der kalvinistische Geistliche Jean de Léry[47] aus Frankreich beschreibt anschaulich die exotische Flora und Fauna Brasiliens; und der Engländer Arthur Barlowe[48] läßt uns die Formen und Gerüche der Bäume und Blumen ahnen, denen er auf seiner ersten Reise nach Roanoke begegnete. Auch Kolumbus selbst zeigt bisweilen eine bemerkenswert realistische Beobachtungsgabe, wobei ihm allerdings die idealisierten europäischen Landschaftsvorstellungen mitunter den Blick für das amerikanische Ambiente verbauen.[49] Die meisten Berichte gehen indes entweder überhaupt nicht auf das äußere Erscheinungsbild der Neuen Welt ein oder schildern es in den denkbar konventionellsten Platitüden. Diese stiefmütterliche Behandlung der Natur steht in krassem Gegensatz zu den zahlreichen genauen und haarfeinen Beschreibungen der Ureinwohner. Fast scheint es, als habe man die amerikanische Landschaft seinerzeit gewissermaßen nur als einen Theaterprospekt angesehen, vor dem die fremdartigen und allemal faszinierenden Völker der Neuen Welt fein säuberlich arrangiert sind.

Vielleicht drückt sich in diesen sichtlich dürftigen Naturbeobachtungen der Europäer des sechzehnten Jahrhunderts – vor allem derjenigen, die im Mittelmeerraum lebten – ein Mangel an Interesse für Landschaft und Natur aus. Vielleicht zeigt sich darin jedoch auch die Macht der überlieferten literarischen Konventionen. Der spanische Söldner Alonso Enríquez de Guzmán, der sich 1534 aufmachte in die Neue Welt, verkündet in seiner Autobiographie entschlossen: »Ich werde Euch weniger davon erzählen, was ich gesehen habe, als vielmehr davon, was mir geschehen ist, denn ... dieses Buch handelt einfach nur von meinen Erfahrungen.«[50] Leider bleibt er diesem Vorsatz treu.

Selbst bei jenen Europäern in der Neuen Welt, die etwas sehen wollten und auch Augen hatten zu sehen, kann man nicht mit Sicherheit davon ausgehen, daß das Bild, das sie sich machten – ob von Menschen oder von Orten – unbedingt mit der Realität übereinstimmte. Tradition, Erfahrung und Erwartung prägten ihre Sicht. Selbst ein vermutlich nüchterner Beamter im Dienst der spanischen Krone wie Alonso de Zuazo schafft es, das Hispaniola des Jahres 1518 in eine bezaubernde Insel mit sprudelnden Quellen und Flüssen in goldgepflasterten Flußbetten zu verwandeln, wo die Natur ihre Früchte in wunderbarem Überfluß bereithält.[51] Auch Bernal Días, in vielem ein so klarer und wacher Beobachter, erweist sich als unfähig, die Eroberung Mexikos etwa anders als durch die rosarote Brille der Ritterromane zu sehen. Verranzano liefert uns eine glänzende Beschreibung der Indianer von Rhode Island mit ihren dunklen Haaren, ihrer bronzefarbenen Haut, ihren schwarzen, lebhaften Augen. Aber waren ihre Gesichter wirklich so »anmutig und edel wie die von klassischen Skulpturen«[52], oder ist das nicht eher die Reaktion eines humanistisch gebildeten Florentiners, der bereits sein vorgefaßtes, vom Goldenen Zeitalter der Antike inspiriertes Bild von der Neuen Welt hatte?

Man kann sich nur schwer des Eindrucks erwehren, daß die Europäer im sechzehnten Jahrhundert genau wie die Chinesen in den südlichen Gebieten in aller Regel nicht mehr und nicht weniger sahen als das, was sie zu sehen erwarteten. Das ist im Grunde kein Wunder, und es sollte uns auch nicht zum Spott provozieren, denn vielleicht ist ja der menschliche Geist nun einmal so beschaffen, daß er den Schock des Fremden nur verdauen kann, indem er auf das Vertraute zurückgreift, auf das, was er für normal hält. Die eigentliche Bewährungsprobe kommt erst später, wenn es nämlich darum geht, den Rettungsring loszulassen, der das Unbekannte mit dem Bekannten verbindet. Es gibt Europäer, vor allem solche, die sich lange auf den Westindischen Inseln aufhielten, die diese Prüfung erfolgreich bestanden haben. Als sie erkannten, wie groß die Kluft zwischen Vorstellung und Wirklichkeit war, konnten sie nicht mehr umhin, ihre ererbten Vorurteile nach und nach aufzugeben. Denn Amerikas Welt war *neu und anders* zugleich; und auf die Menschen, die dieses Anderssein begriffen, übte sie eine Faszination aus, der sie sich nicht entziehen konnten. »Alles ist ganz anders«, schrieb Fray Tomás de Mercado in seinem Ratgeber für die Kaufleute von Sevilla, »die Eigenarten der Eingeborenen, der Aufbau der Republik, die Regierungsform und sogar die Fähigkeit, sich regieren zu lassen.«[53]

Doch wie sollte man die Andersartigkeit, die Einmaligkeit Amerikas denen verständlich machen, die es nicht gesehen hatten? Die Schwierigkeiten des Beschreibens trieben Schriftsteller und Historiker zur Verzweiflung. Zu groß seien die Unterschiede, zuviel Neues müsse geschildert werden, klagt Fernández de Oviedo immer wieder. »Von allem, was ich sah«, schreibt er über einen prächtig gefiederten Vogel, »hat er mir am deutlichsten bewußt werden lassen, wie ganz und gar hoffnungslos es ist, dies alles in Worte fassen zu wollen.« Und über einen merkwürdigen Baum heißt es dort: ». . . er müßte von der Hand eines Berruguete gemalt werden oder von der eines anderen, gleichermaßen vortrefflichen Künstlers oder von berühmten Malern wie Leonardo da Vinci oder Andrea Mantegna, die ich aus Italien kenne.«[54] Doch zeigte sich, daß gerade die Unlösbarkeit der Aufgabe eine Herausforderung darstellte, die die Grenzen der Wahrnehmung erweitern konnte. Beseelt von dem Drang, anderen Menschen etwas von ihrem Entzücken angesichts dessen, was sie umgab, mitzuteilen, schufen die spanischen Geschichtsschreiber auf den Westindischen Inseln bisweilen glänzende und überraschend plastische Wortgemälde. So schildert beispielsweise Las Casas unerhört lebendig, wie er im Schein der Leuchtkäfer von Hispaniola »aus einem Brevier mit winziger Schrift« Morgenandachten las.[55]

Und doch haben diese Geschichtsschreiber wohl mitunter schwer unter den Grenzen und der weitgehenden Untauglichkeit ihres Wortschatzes gelitten, und besonders bemerkenswert ist, daß die Europäer des sechzehnten Jahrhunderts offenbar nur eine sehr schmale Skala von Farben erkennen konnten. Immer wieder zeigen sich die Reisenden erstaunt davon, wie grün Amerika ist, aber dabei bleiben sie stehen. Nur selten kommt Leben auf die Palette, wie etwa bei Sir Walter Raleigh, der über Guyana berichtet: »Wir sahen Vögel in allen Farben, manche wie Nelken, andere karmesinrot, manche bräunlich wie die Orangen, violette, grüne, glasblaue, und was nicht alles – einfarbige und bunte . . .«[56] Auch Jean de Léry gelingt es, uns einen Eindruck von dem wunderbaren Gefieder der tropischen Vögel Brasiliens zu vermitteln. Léry besitzt indes die seltene Gabe, sich in die Lage eines Europäers zu versetzen, der niemals jenseits des Atlantik war und auf Reiseberichte angewiesen ist, um sich eine Vorstellung von der Neuen Welt machen zu können. So erklärt er seinen Lesern beispielsweise, wie sie sich einen brasilianischen Wilden zu denken haben: »Man stelle sich im Geiste einen nackten, wohlgebauten und gut proportionierten Mann vor, dem alle Haare an seinem Körper ausgerupft sind . . ., dessen Lippen und Wangen von spitzen Knochen oder grünen Steinen durchbohrt sind, an dessen durchstochenen Ohren Gehänge baumeln und dessen Körper bemalt ist . . ., dessen Oberschenkel und Beine mit Farbe geschwärzt sind . . .« Aber schließlich wirft selbst Léry das Handtuch. »Ihre Gestik und Mimik unterscheidet sich so sehr von der unseren, daß ich bekennen muß, es bereitet mir große Schwierigkeiten, sie in Worte oder gar in Bilder zu fassen. Will man also das Vergnügen genießen, das sie einem in Wirklichkeit bereiten, so wird man sie in ihrem Land besuchen müssen.«[57]

Léry meint also, Bilder könnten der Phantasie auf die Sprünge helfen. Mag sein, daß geschulte Maler, die an Forschungsreisen nach den Westindischen Inseln teilnahmen, wie etwa John White, der 1585 die Expedition nach Roanoke begleitete, und Frans Post, der 1637 im Gefolge des Grafen Johann Moritz von Nassau-Siegen nach Brasilien reiste, eher hoffen durften, Menschen, die die Neue Welt nicht gesehen hatten, einen Eindruck von ihr vermitteln zu können. Aber die Probleme der Maler ähnelten denen der Geschichtsschreiber. Ihre Sichtweise war naturgemäß von ihrer europäischen Herkunft und Ausbildung geprägt. Zur Darstellung der neuen, oft exotischen Szenen, die sie jetzt festhalten wollten, waren die ihnen von Hause aus vertrauten Techniken und das Farbenspektrum, das sie beherrschten, nicht in jedem Falle geeignet. Frans Post kam aus der schlichten niederländischen Tradition; er schaute sorgfältig in das falsche Ende seines Fernrohrs, um ein konzentriertes Sichtfeld zu erhalten, und vermochte so während seines Brasilienaufenthalts ein neuartiges, wenn auch etwas gedämpftes Bild von der Neuen Welt einzufangen. Doch sobald er wieder heimkam und versuchen mußte, dem Geschmack und den Erwartungen der Europäer zu genügen, verblaßten seine Eindrücke.[58]

Selbst wenn dem Beobachter, ob in einem Gemälde oder in Worten, eine halbwegs gelungene Darstellung geglückt war, hatte er keineswegs die Garantie, daß sein Werk die europäische Öffentlichkeit in korrekter, ja in überhaupt einer Form erreichte. Viele Informationen über die Neue Welt, die den geistigen Horizont der Europäer hätten erweitern helfen können, wurden niemals gedruckt; sie scheiterten teils an den Launen der Verleger, teils an den geradezu besessenen Geheimniskrämereien der Regierungen. Und bei den Buchillustrationen herrschte damals ohnehin die blanke Willkür. Der europäische Leser konnte sich schwerlich ein verläßliches Bild vom Leben der Tupinambá-Wilden in Brasilien machen, wenn er in seinem Buch Szenen aus dem Leben in der Türkei fand, weil der Verleger diese zufällig gerade am Lager hatte. Überdies war die Technik des Holzschnitts – zumindest bis in die zweite Hälfte des sechzehnten Jahrhunderts – noch nicht weit genug entwickelt, um eine wirklich originalgetreue Reproduktion von Zeichnungen zuzulassen. Vor allem aber stand zwischen Maler und Öffentlichkeit ein Vermittler, und das barg immer die Gefahr in sich, daß dieser Vermittler das Bild, das er reproduzieren sollte, verzerrte und veränderte. Einem Leser, dessen Bild von den amerikanischen Indianern sich ausschließlich auf die berühmten Stiche von de Bry gründete, kann man es wohl kaum verdenken, wenn er sich Amerikas Wälder von heroischen Aktfiguren bevölkert vorstellte, die durch ihren vollkommenen Körperbau zu Vettern ersten Grades der alten Griechen und Römer wurden.[59]

Aber so groß die Schwierigkeiten bei der Verbreitung korrekter Informationen über Amerika auch waren, das größte Problem blieb trotz allem das

Verstehen. Die Erwartungen des europäischen Lesers und mithin auch des europäischen Reisenden waren durch und durch von den Vorstellungen einer Gesellschaft geprägt, die über Generationen hinweg mit Märchen von phantastischen und wundersamen Dingen abgespeist worden war. Als Kolumbus die Bewohner der Westindischen Inseln zum erstenmal erblickte, war er verblüfft, daß diese weder Ungeheuer waren noch irgendwelche körperlichen Abnormitäten aufwiesen. Eine ganz natürliche Reaktion für einen Menschen, der noch halb in der Welt eines John Mandeville lebte.[60]

Nur sehr schwer konnte man sich der Versuchung erwehren, in den neuentdeckten Ländern jene verzauberten Inseln der mittelalterlichen Sagenwelt zu sehen.[61] Doch nicht nur dieses Moment des Phantastischen trübte die Fähigkeit der Europäer, die Dinge realistisch wahrzunehmen. War dem Fremden nicht mit Begriffen wie außergewöhnlich oder ungeheuerlich beizukommen, dann blieb nur die Möglichkeit, dieses Fremde mit denjenigen Elementen des europäischen Kulturerbes zu konfrontieren, die fester als alle anderen etabliert waren. Am ehesten boten sich zur Beurteilung der Neuen Welt und ihrer Bewohner natürlich die Kriterien des Christentums und der Antike an.

In mancher Hinsicht konnten diese beiden Traditionslinien den Europäern helfen, Amerika zu begreifen. Beide lieferten Normen oder Maßstäbe, die sich von den im Europa der Renaissance üblichen unterschieden und an denen man die Länder und Völker der neuentdeckten Welt messen konnte. Es lag auf der Hand, daß die meisten allgemein bekannten Klischees nicht zur Klassifizierung der Antillen-Bewohner taugten. Diese Menschen waren keine Ungeheuer. Und da sie unbehaart waren, ließen sie sich schwerlich mit dem Bild des Wilden identifizieren, das man noch aus dem Mittelalter in Erinnerung hatte.[62] Ebensowenig waren sie Neger oder Mohren, Angehörige jener Rassen also, die das christliche Mittelalter am besten kannte. Daher war es ganz natürlich, daß die Europäer auf noch ältere Traditionen zurückgriffen und sich die rätselhafte Welt der Westindischen Inseln zu erklären suchten, indem sie sie mit dem Garten Eden oder dem Goldenen Zeitalter der Antike verglichen.

Der Rückgriff auf die Traditionen des Christentums und der Antike wirkte sich auf die Auseinandersetzung der Europäer des späten Mittelalters mit der Neuen Welt durchaus günstig aus. Dieser Blickwinkel ermöglichte ihnen, sich selbst zu dieser Welt in Beziehung zu setzen und sich ihr mit tolerantem Interesse zu nähern. Soweit die Vorteile. Ihnen standen indes eindeutige Nachteile entgegen, die die Assimilation in mehr als einer Hinsicht erschwerten. Die für das Christentum im fünfzehnten Jahrhundert charakteristische tiefe Unzufriedenheit mit den herrschenden Zuständen drückte sich in dem Verlangen nach der Wiederkehr besserer Verhältnisse aus. Man sehnte sich zurück – in das verlorene Paradies des Alten Testaments oder in das Goldene Zeitalter der Antike oder in eine Kombination aus diesen beiden Phantasiewelten, von der man nur vage Vorstellungen hatte. Durch die Entdeckung der Westindischen Inseln und ihrer Bewohner, die – entgegen der biblischen Tradition – nackt umherliefen und sich dessen mysteriöserweise nicht einmal schämten, ließ sich die Vorstellung von der idealen Welt natürlich sehr leicht von der zeitlichen auf eine geographische Ferne projizieren. Jetzt konnte man sich Arkadien und Eden am anderen Ufer des Atlantiks denken.[63]

Diese Projektion setzte in dem Moment ein, als Kolumbus auf die Karibischen Inseln kam. All die mannigfachen Assoziationen von Paradies und vom Goldenen Zeitalter waren vom ersten Augenblick an präsent. Unschuld, Einfachheit, Fruchtbarkeit und Fülle – lauter Dinge, nach denen sich das Europa des sechzehnten Jahrhunderts sehnte und die so unerreichbar schienen –, von all dem erzählten Kolumbus und Vespucci in ihren Reiseberichten, die von den begeisterten Lesern gierig verschlungen wurden. Widerhall fanden sie vor allem beim Klerus und bei den Humanisten. Es war nur natürlich, daß die Mitglieder einiger Orden, verzweifelt über den Niedergang Europas und den Verfall seiner Sitten, nun eine Chance sahen, die urchristliche Apostelkirche in einer von den europäischen Lastern noch unverdorbenen Neuen Welt wieder zum Leben zu erwecken. In dem vom Gedanken der Erweckung und von apokalyptischen Visionen geprägten Denken der Mönche verbanden sich die Leitmotive Neue Welt und Weltuntergang harmonisch mit der großen Mission der Evangelisierung von Millionen von Menschen, die keinen Glauben kannten.[64]

Und wie die Mönche, so projizierten auch die Humanisten ihre enttäuschten Hoffnungen auf Amerika. In den *Decadas* von Peter Martyr, der Amerika und seinen Mythos als erster in der Öffentlichkeit bekannt gemacht hat, finden wir das Bild der Westindischen Inseln bereits ein wenig verändert. Hier lebe ein Volk ohne Gewichte und Maße und ohne »die Pest des Geldes, das die Saat unzähliger Schändlichkeiten ist. So daß sie denn, schämen wir uns nur ja nicht, die Wahrheit zu bekennen, in jener Goldenen Welt zu leben scheinen, von der in alten Schriften so oft erzählt wird: in der die Menschen einfach und in Unschuld lebten, ohne den Zwang von Gesetzen, ohne streitende Richter und ohne Verleumdung, und sich damit zufriedengaben, einfach nur der Natur zu genügen, und nicht zu wissen begehrten, was der morgige Tag bringt.«[65]

Es war ein idyllisches Bild, und die Humanisten malten es in den leuchtendsten Farben, denn so konnten sie ihrer tiefen Unzufriedenheit mit der europäischen Gesellschaft Ausdruck verleihen und diese Gesellschaft indirekt kritisieren. Amerika wurde zur Antithese Europas – dort Unschuld, hier Verderbtheit. Und die Verderbtheit vernichtete die Unschuld. In seiner kürzlich entdeckten *Invención de las Yndias* von 1528 läßt Pérez de Oliva *Caciques*-Indianer ihr Elend mit Worten schildern, die sich lesen, als stammten sie aus Livius' Feder.[66] Der Autor hebt die Charakterstärke und den Edelmut der Wilden hervor und stellt die Unschuld der angeblichen Barbaren wirkungsvoll der Barbarei der angeblich zivilisierten Eroberer gegenüber. Dieser Methode bediente sich fast zur gleichen Zeit auch Antonio de Guevara, ein anderer spanischer Humanist, vermutlich ebenfalls mit Blick auf die Schrecken der Eroberung, in seiner berühmten Geschichte von dem Donaubauern.[67] Schon Thomas Morus hatte darauf hingewiesen, daß die Entdeckungen der überseeischen Territorien grundsätzliche Fragen hinsichtlich der Werte und Maßstäbe einer vielleicht schon nicht mehr reformierbaren Zivilisation aufwarfen.

Doch mit dieser Form der Auseinandersetzung mit der Neuen Welt verbauten die Humanisten den Weg zum Verständnis der fremden Zivilisation. Amerika war nicht so, wie sie es sich vorstellten, und selbst die begeistertsten Anhänger des Humanismus mußten sehr bald einsehen, daß auch die Bewohner dieser idyllischen Welt lasterhaft und kriegslustig sein konnten und sich mitunter sogar gegenseitig auffraßen. Das war natürlich noch nicht unbedingt ein Grund, den Utopismus aufzugeben, denn wenn dieses Utopia jenseits des Atlantik noch nicht existierte, so konnte man es immerhin dort errichten. Einen Augenblick lang hatte es den Anschein, als ließe sich der Traum der Mönche und der Humanisten in Vasco de Quirogas Dörfern von Santa Fe in Mexiko verwirklichen.[68] Aber es war ein europäischer Traum, der wenig mit der amerikanischen Wirklichkeit zu tun hatte. Als diese Wirklichkeit in immer mehr Bereichen spürbar wurde, begann der Traum zu verblassen.

Der Prozeß der Assimilation

Die Vorstellung der Europäer des späten Mittelalters und der Frührenaissance von der Neuen Welt war nur allzuoft eine sehr gebrechliche Kopfgeburt. Die *Conquistadores,* die die Gier nach Beute, Land und Herrschaft vorwärtsgetrieben hatte, sahen mit Bestürzung, wie die Beamten der spanischen Krone sich in ihrem Lehensparadies breitmachten. Die Mönche, die in der Neuen Welt gleichsam ihr Neues Jerusalem gesehen hatten, waren zunehmend erbittert über die religiöse und moralische Unbelehrbarkeit ihrer unfreiwilligen Bürger. Gleich den Sieben Städten der Weltentdecker schien das Utopia der Humanisten in immer weitere Ferne zu rücken, immer unwirklicher zu werden. Um die Mitte des siebzehnten Jahrhunderts ließ sich die Diskrepanz zwischen Vorstellung und Wirklichkeit nicht mehr länger ignorieren. Es waren zu viele störende Tatsachen durchgesickert.

Über ein Jahrhundert sollte es dauern, bis Europa diese Tatsachen wirklich verinnerlicht hatte. Das geschah in einem schwierigen und langwierigen Prozeß. Und dieser Prozeß war um die Mitte des siebzehnten Jahrhunderts in vieler Hinsicht bei weitem noch nicht abgeschlossen, jedenfalls nicht, wenn man Winchs Forderung als Maßstab nimmt, wonach »die ernsthafte Auseinandersetzung mit einer anderen Lebensweise das Bemühen einschließt, die eigene zu erweitern, und diese andere nicht einfach nur dem bereits existierenden System der eigenen einzuverleiben«.[69] Wenden wir diese Erkenntnis auf die Problematik der Annäherung an die Neue Welt insgesamt an, so werden wir feststellen, daß die Erfolge, die Europa im sechzehnten und frühen siebzehnten Jahrhundert in dieser Hinsicht zu verzeichnen hatte, nur relativ waren. Es wurde große Energie darauf verwandt, alle über Amerika bekannten Fakten »dem bereits existierenden System einzuverleiben«. Allerdings war um die Mitte des siebzehnten Jahrhunderts das System selbst noch kaum in Bewegung geraten.

Betrachtet man die Folgen, die bestimmte Aspekte der Entdeckung Amerikas hatten, mag einem das, was in vollen hundertfünfzig Jahren intellektuellen Bemühens erreicht wurde, enttäuschend vorkommen. Guicciardini schreibt, jene Folgen bedenkend, mit dem für ihn charakteristischen Scharfsinn: »Diese Seereisen haben nicht nur viele Behauptungen früherer Schriftsteller über irdische Dinge widerlegt, sie haben auch den Exegeten der Heiligen Schrift einige Sorgen bereitet...«[70] Trotzdem hatte man um die Mitte des siebzehnten Jahrhunderts noch kaum zur Kenntnis genommen, welcher Zündstoff in den Entdeckungen lag, und das, obwohl sich dies bereits im frühen sechzehnten Jahrhundert abgezeichnet hatte. Noch gab es, bei allen Problemen, die das wachsende Wissen über Amerika mit sich brachte, niemanden, der die historische und chronologische Richtigkeit dessen, was in der Bibel über die Erschaffung des Menschen und seine Ausbreitung über die Erde nach der Sintflut geschrieben stand, fundiert und offensiv angezweifelt hätte. Für das politische und gesellschaftliche Denken Europas waren die Ergebnisse ethnographischer Beobachtungen und Forschungen bislang nahezu folgenlos geblieben.[71] Noch hatte man kaum erkannt, welche Möglichkeiten der Relativismus als Waffe im Kampf gegen die etablierten religiösen, politischen und sozialen Auffassungen bot.

Erst zwischen 1650 und 1750 begann sich der geistige Horizont der Europäer in diesen entscheidenden Bereichen allmählich zu erweitern. Davor gab es allenfalls ein paar vereinzelte Spähtrupps, die sich vor die Zäune hinauswagten, und etliche dramatische Vorstöße, denen es in der Regel an der nötigen Schubkraft fehlte. Aber wir dürfen angesichts dieses scheinbaren Versagens nicht übersehen, welch ein enormes Maß an Arbeit in den vorhergehenden Jahren innerhalb der Begrenzungen geleistet werden mußte. Ohne diese Arbeit im Vorfeld wäre kein einziger ernsthafter Ausbruch möglich gewesen. Zumindest zeichneten sich jetzt neue Möglichkeiten ab, und es waren die Voraussetzungen für neue Strategien da.

Der Prozeß, in dessen Verlauf das Europa des sechzehnten Jahrhunderts die amerikanische Wirklichkeit begreifen lernte, sagt auch etwas aus über den Zustand der Gesellschaft im Europa jener Zeit, über die Stärken und Schwächen dieser Gesellschaft. Es gab im kulturellen Erbe Europas Dinge, die die Assimilation neuer Tatsachen und Eindrücke erschwerten, aber es gab wohl auch Dinge, die für den Umgang mit einer so gewaltigen Herausforderung von Vorteil waren. Wichtig war beispielsweise, daß die Haltung der Europäer zu den Möglichkeiten und Zwecken der Erkenntnis der spekulativen Forschung einen relativ großen Spielraum eingeräumt haben dürfte. Gregorio García, ein spanischer Dominikaner, der 1607 eine umfangreiche Übersicht über die zahlreichen damals im Schwange befindlichen Hypothesen zur Abstammung der amerikanischen Ureinwohner veröffentlichte, behauptete, es gäbe vier Quellen der Erkenntnis, und der Mensch schöpfe all sein Wissen, über welchen Gegenstand auch immer, stets aus einer davon. Zwei von ihnen seien unfehlbar: der göttliche Glaube, wie er sich in der Heiligen Schrift offenbare, und die *Ciencia*, die Wissenschaft, die jedes Phänomen aus seiner Ursache erkläre. Hingegen könne sich der Mensch bei dem, was er glaube, allein auf seine eigene, menschliche Quelle berufen; und was er nur meine, sei als ungesichert zu betrachten, denn die Meinung stütze sich auf Argumente, die sehr wohl widerlegt werden könnten. Die Frage der Abstammung der amerikanischen Indianer falle in diese letzte Kategorie, weil es hier keine eindeutigen Beweise gäbe, das Thema in der Heiligen Schrift nicht erörtert werde und das Problem zu neu sei, als daß man dabei auf einen halbwegs überzeugenden Vorrat angehäufter Erkenntnisse zurückgreifen könne.[72]

Es gab demnach also bestimmte Bereiche, die ein für allemal durch die göttliche Vorsehung festgelegt und entschieden waren, aber es gab auch andere, in denen die Angehörigen der christlichen Zivilisation mehr oder weniger nach Belieben verfahren durften. Wichtig war auch, daß sowohl die Antike als auch die Lehre des Christentums das Streben nach Erkenntnis guthießen. Wissentlich oder unwissentlich Aristoteles zitierend, gestand Cortés in einem Brief an einen orientalischen Herrscher großmütig zu, das Verlangen nach Erkenntnis sei ein »universeller Zustand des Menschen«. Die ganze Welle der europäischen Forschungs- und Entdeckungsreisen entsprang dem Wunsch, etwas zu sehen und zu erkennen; und wer hätte Aristoteles' Diktum besser bestätigen können als Cortés selbst, der dem Mysterium der Vulkane auf der Spur war, fasziniert die Bräuche der Indianer beobachtete und, wie er selbst es ausdrückte, eifrig die »Geheimnisse jener Erdteile« erforschte.[73]

Zum Teil kann man diese Wißbegier als Ausdruck des menschlichen Erkenntnisdranges schlechthin sehen. Im sechzehnten Jahrhundert sammelte man Fakten und faßte sie in Kosmographien zusammen, wie man exotische Gegenstände sammelte und als Kuriosa in Schaukästen ausstellte. Doch die Neugier hatte auch in dem weiter gefaßten Rahmen der christlichen Religion ihren Platz. Am Ende des Jahrhunderts erklärte José de Acosta in seinem großen Werk *Historia Natural y Moral de las Indias,* nachdem die Menschen sich einmal auf die Suche nach Fakten gemacht hätten, verfolgten sie ihren Weg ebenso unbeirrbar wie die Ameisen. »Und der Schöpfer in seiner hohen und ewigen Weisheit macht sich diese natürliche Neugier des Menschen zunutze, um das Licht seines heiligen Evangeliums zu jenen Völkern zu tragen, die noch in der Finsternis ihrer Unwissenheit leben.«[74] Die Annahme, daß alle Erkenntnis einem höheren Zweck, einem Plan der Vorsehung untergeordnet sei, war für die geistige Auseinandersetzung des Christentums im sechzehnten Jahrhundert mit der Neuen Welt Amerika von entscheidender Bedeutung. Auch in diesem Punkt kann uns ein Vergleich mit dem von Professor Schafer beschriebenen Umgang der Chinesen mit ihren Südprovinzen zu weiterreichenden Einsichten verhelfen. »Mit der ungewöhnlichen Welt Nam-Viets konfrontiert«, schreibt Schafer, »entbehrte der Nordchinese einer allgemein akzeptierten Weltsicht, der er die schwer verdaulichen Fakten des Südens einigermaßen erfolgreich hätte einverleiben können.«[75] Der Hua der Tang-Periode konnte nicht selbstgefällig mit metaphysischen Prinzipien wie ›Ordnung‹, ›Harmonie‹, ›Einheit der Gegensätze‹ oder selbst ›Schönheit‹ schwadronieren – lauter Begriffe, die in unserer Tradition hoch im Kurs stehen –, um seinen schwierigen Anpassungsprozeß geschmeidiger zu machen.

Die Europäer des sechzehnten Jahrhunderts hingegen akzeptierten instinktiv die Idee einer prädestinierten Welt, in der man Amerika – mochte es auch noch so unerwartet aufgetaucht sein – irgendwie unterbringen mußte.[76] Alles, was es über Amerika zu wissen gab, mußte seinen Platz haben im Weltenplan. Das Wissen über die neuen Länder und Völker konnte, wie Acosta meinte, die große Aufgabe der Evangelisierung der Menschheit voranbringen helfen. Das Wissen über ihre unendliche Verschiedenheit, angesichts derer Fernández de Oviedo und Las Casas in lautes Erstaunen ausbrachen, konnte nur die Bewunderung des Menschen für die Allmacht des göttlichen Schöpfers steigern. Das Wissen über die medizinischen und therapeutischen Eigenschaften der in Amerika wachsenden Pflanzen und Kräuter war ein weiterer Beweis dafür, wie Gott für das Wohl seiner Kinder sorgte – und besonders tröstlich war dabei, daß die Neue Welt zwar die furchtbare Geißel der Syphilis über Europa gebracht, aber in Gestalt des Guajakbaumes auch gleich ein Heilmittel dafür parat hatte.[77] Sicher, die im strengeren Sinne metaphysischen Erwägungen traten nicht selten weit in den Hintergrund, aber dennoch hielt sich irgendwie die eingefleischte Überzeugung, daß die Erkenntnis einen Zweck habe.

Zur Erweiterung des geistigen Horizonts der Europäer im sechzehnten Jahrhundert waren aber beide Erkenntniswege, die Wißbegier und der Utilitarismus, nur begrenzt tauglich. Daß die Europäer die Verschiedenheit der Menschen als Tatsache akzeptierten, bedeutete schon sehr viel, und sicher hatte nicht zuletzt die Lektüre der Schriftsteller der Antike ihr neugieriges Interesse an den Sitten anderer Völker genährt. Doch trugen sie in ihrer Sammelleidenschaft unkritisch und unsystematisch ethnographische Fakten zusammen, aus denen sich schwerlich ein in sich geschlossenes Ideengebäude errichten ließ. Es erwies sich in mehr als einer Hinsicht als überaus ungünstig, daß das sechzehnte Jahrhundert in Plinius' *Geschichte der Natur* ein klares klassisches Modell besaß. Daß in Oviedos *Historia General de las Indias* so vieles unausgegoren wirkt, ist zum Teil zurückzuführen auf die allzu große Hochachtung des Verfassers gegenüber einer Quelle, die den Wahrheitssuchern des sechzehnten Jahrhunderts, was ihre Methode betraf, herzlich wenig nützen konnte.[78]

Da man die Fakten ohne jedes System sammelte, gerieten sie allesamt unter die Rubrik Wunderbares oder Exotisches. Das minderte zwangsläufig ihre gesellschaftsverändernde Wirkung. Einige wurden erfolgreich in bereits bestehende Modelle integriert, während andere, womöglich provokantere, bloße Kuriositäten blieben. Dürer betrachtete sich staunend Montezumas Schätze, doch diese exotischen Gegenstände waren eben nur Kuriosa, die man bewundern, nicht aber Modelle, die man nachahmen konnte. Als »Barbaren«-Handwerk eingestuft, hatten die Kunstwerke der amerikanischen Völker nicht den mindesten Einfluß auf die europäische Kunst des sechzehnten Jahrhunderts. Als stumme Zeugen der fremden Bräuche des nichteuropäischen Menschen kamen sie in die Vitrinen der Sammler, und damit hatte es sich.[79]

Viele *Naturprodukte* Amerikas wurden dagegen leichter angenommen und absorbiert, besonders solche, die sich einem praktischen Zweck zuführen ließen. Doch ein rigoros utilitaristisches Herangehen konnte auf seine

Weise ebenso einengend sein wie das unsystematische Sammeln aus reiner Wißbegier. Die ausschließliche Konzentration auf das Nützliche bedeutete unweigerlich, daß vieles übersehen oder nicht zur Kenntnis genommen wurde. Und doch waren es in letzter Instanz praktische Überlegungen wie das Bedürfnis, die Bodenschätze Amerikas abzubauen und seine Völker zu regieren und zu bekehren, die die Europäer dazu zwangen, ihren Gesichtskreis (mitunter wider Willen) zu erweitern und die Ergebnisse ihrer Forschungen in Form eines in sich schlüssigen Denkmodells zu ordnen.

Die Beamten stellten ebenso wie die Missionare fest, daß sie, wenn ihre Arbeit einen Sinn haben sollte, bis zu einem gewissen Grade lernen mußten, die Bräuche und die Traditionen dieser ihnen anvertrauten Völker zu begreifen. Königliche Beamte, die aus Spanien kamen, waren es gewohnt, in juristischen und geschichtlichen Begriffen zu denken, und es war nur natürlich, daß sie diese auch auf ihre neue Umgebung anwendeten. Wie anders hätten sie beispielsweise die Steuern, die ein Indianer an seinen *Encomendero* zu entrichten hatte, festlegen können, als dadurch, daß sie zunächst einmal die Höhe des Tributs ermittelten, den er vor der Eroberung an seinen eingeborenen Herrscher hatte zahlen müssen? So entstanden aus den *Visitas* – den Besuchen, die die königlichen Beamten den Behausungen der Indianer abstatteten – eingehende Studien zur Geschichte der Eingeborenen sowie ihres Pacht- und Erbrechts; und die Berichte, die die intelligenteren und gründlicheren unter diesen Beamten, so etwa Alonso de Zorita in Neuspanien[80], verfaßten, waren im Grunde Fingerübungen in angewandter Anthropologie, bei denen ein enormes Maß an Informationen über die Sitten und die Gesellschaft der Eingeborenen zusammenkam.

In den Jahren unmittelbar nach der Eroberung hatten die Missionare noch weniger mit der Erfassung von Faktenmaterial zu tun als die Beamten. Der ersten Generation von Missionaren hatte der Glaube an die natürliche Unschuld und gutartige Veranlagung der Ureinwohner Auftrieb gegeben. Sie meinte, daß der Geist des Eingeborenen, wie Las Casas es ausgedrückt hat, eine *tabula rasa* sei[81], auf der der wahre Glaube mühelos eingetragen werden könne. Doch belehrten bittere Erfahrungen sie schon bald eines Schlechteren. Der Dominikaner Fray Diego Durán behauptet in seiner *Historia de las Indias de Nueva España* (1581) mit aller Entschiedenheit, es sei unmöglich, das Heidentum unter den Indianern auszurotten, »solange wir nicht über alle Arten von Religion, welche sie ausüben, im Bilde sind ... Und darum haben diejenigen, die am Anfang, wenn auch mit großem Eifer, so doch mit geringer Klugheit ihre alten Idole sämtlich verbrannt und zerstört haben, einen schweren Fehler gemacht. Dadurch tappen wir nun so sehr im Dunkeln, daß sie ihre Götzenanbetung platterdings vor unseren Augen ausüben können.«[82] Die Erkenntnis, daß die Bemühungen der Missionare nur Erfolg haben konnten, wenn diese die Lebensweise und das Denken der Eingeborenen bis zu einem gewissen Grade verstanden, war Stimulans und Rechtfertigung in einem für eine große Kampagne zur

Erforschung ihrer Geschichte, Religion und Gesellschaft in der Zeit vor der Eroberung, die die Mitglieder der einzelnen Orden gegen Ende des sechzehnten Jahrhunderts durchführten. »Es ist nicht nur nützlich, es ist unerläßlich«, schreibt Acosta, »daß die Christen ... die Verirrungen und den Aberglauben vergangener Zeiten kennen.«[83]

Die streng praktischen Erwägungen, von denen sich die Missionare bei ihren Untersuchungen leiten ließen, führten unweigerlich dazu, daß diese mehr oder minder begrenzt blieben. Die Männer der Kirche hatten kein Interesse daran, die Eingeborenengesellschaft an sich zu studieren; für sie diente dieses Studium nur dem Zweck, diese so schnell als möglich in die, wie Acosta es nennt, »Christliche Republik«[84] zu integrieren. Da sie in erster Linie entschlossen waren, alle verabscheuungswürdigen und heidnischen Praktiken auszurotten, war es nur natürlich, daß ihr mitfühlendes Verständnis für die Eingeborenengesellschaft an den Punkten aufhörte, wo sich die Indianer unwiderruflich dem Teufel und seinen Werken verschrieben hatten. So schloß der christliche Glaube beispielsweise eine abwägende Haltung gegenüber dem Kannibalismus von vornherein aus, obschon Las Casas diesen zwar nicht entschuldigen wollte, aber doch mit einer gewissen Befriedigung darauf hinwies, daß die Menschenfresserei auch im alten Irland ihre Anhänger gehabt habe.[85]

Es mag in der Eingeborenenzivilisation Elemente gegeben haben, die unbegreiflich blieben, aber in dem Bemühen, diese Zivilisation tiefer zu erkennen und zu verstehen, waren die Mönche gezwungen, Forschungen zu treiben, mit denen sie an die Grenzen der konventionellen Disziplinen und Methoden stießen. Sie mußten die Sprachen der Eingeborenen lernen, was sie wiederum dazu brachte, Wörterbücher und Grammatiken zu erarbeiten. So war zum Beispiel die erste Ketschua-Grammatik, die um 1560 erschien, das Werk des Dominikaners Fray Domingo de Santo Tomás.[86] Die Kenntnis der Sprache ermöglichte ihnen, sich eingehender mit der Kultur und der Religion der Indianer zu befassen. Doch nachdem sie sich dieses Instrument unter erheblichen Schwierigkeiten angeeignet hatten, ergab sich ganz unerwartet ein weiteres Problem, nämlich das der historischen Beweise.

Was es damit auf sich hatte, wird aus einem bemerkenswerten Briefwechsel zwischen Acosta und seinem jesuitischen Ordensbruder Juan de Tovar ersichtlich, der ihm das Manuskript einer Geschichte Mexikos geschickt hatte. Acosta bedankte sich bei Tovar für das Manuskript und bat diesen, ihn in drei Punkten, die ihm Sorgen machten, zu beruhigen. Erstens wollte er wissen, »wie gesichert oder zuverlässig« diese Geschichte sei. Zweitens interessierte ihn, wie es den Indianern habe gelingen können, die Erinnerung an so viele verschiedene Ereignisse ohne die Kunst des Schreibens über solch eine lange Zeit zu bewahren? Und drittens fragte er an, wie man für die Authentizität der von Tovar wiedergegebenen Reden der Azteken garantieren könne, »da es mir ohne die Kunst des Schreibens unmöglich zu sein scheint, Reden von solcher Eleganz und Länge zu überliefern«. Tovar erklärte in seiner Antwort, die jungen Azteken würden darin unterwiesen, die großen Reden aus der Geschichte ihres Volkes zu memorieren und sie an nachfolgende Generationen weiterzugeben, wobei sie als Gedächtnisstütze Piktogramme benutzten.[87]

Daß sie ausschließlich auf mündliche Überlieferungen angewiesen waren, hat das Vertrauen der an schriftliche Berichte gewöhnten Europäer sicher nicht gerade gestärkt, aber wenigstens war ihnen diese Situation nicht gänzlich fremd. Bereits eine Generation vor Acosta hatte Fernándes de Oviedo sich mit dieser Frage beschäftigt und seine Leser scharfsinnig daran erinnert, daß auch die Kastilier in Gestalt ihrer großen Romane eine mündlich überlieferte Geschichte hatten.[88] In der Antike gab es ebenfalls einen entsprechenden Präzedenzfall – die Historien des Herodot, über deren Methodik und Zuverlässigkeit im sechzehnten Jahrhundert lebhaft diskutiert wurde.[89] Herodot hatte sich bei seinem Studium der Geschichte fremdländischer und barbarischer Völker auf mündlich überlieferte Informationen gestützt. Und so durften sich auch die Spanier im sechzehnten Jahrhundert bei der Arbeit an ihrer Geschichte der Völker Amerikas auf die Erinnerungen dieser Völker verlassen, ohne das Gefühl haben zu müssen, daß sie allzu grob gegen ihre Vorstellungen von einer angemessenen Historiographie verstießen. Allerdings veranlaßte die Sorge um die Authentizität der Aussagen sie dazu, ihre Untersuchungsmethoden zu verbessern und weiterzuentwickeln; und wenn ein Fachmann wie Bernardino de Sahagún Hand anlegte, gestaltete sich die Sammlung mündlicher Überlieferungen zu einem Meisterwerk ethnographischer Feldforschung.

Leider blieben sehr viele der großen Studien zur Kultur und Gesellschaft der Eingeborenen unveröffentlicht, so daß diese Methoden im Europa des sechzehnten Jahrhunderts nur bedingt Einfluß nehmen konnten. Durán und Sahagún wurden erst im neunzehnten Jahrhundert gedruckt, und Tovars Geschichte Mexikos, die bei Acosta die besagten Fragen aufgeworfen hatte, ist bis heute nicht erschienen. Nur äußerst selten erfuhr man in Europa etwas von den Pioniermethoden und den neuen Erkenntnissen der Menschen, die unter den Eingeborenenvölkern Amerikas tätig waren. Kein Wunder also, daß die Belege für einen unmittelbaren Einfluß vorwärtsweisender Verfahren auf Europa, die in Amerika entwickelt wurden, spärlich sind. Zudem sind Belege dieser Art – das liegt in der Natur der Sache – schwer zu interpretieren. Fälle, wo zunächst ein direkter Einfluß gegeben gewesen scheint, erweisen sich bei näherer Betrachtung nicht selten als zweifelhaft. Mancher neuer Ansatz könnte ebensogut auf einen Anstoß aus Europa zurückgehen, wobei die in Amerika gemachten Erfahrungen durchaus zusätzlich stimulierend gewirkt haben könnten.

Nehmen wir beispielsweise die Philologie. Auf den ersten Blick scheint Garcilaso de la Vegas wissenschaftliches Interesse an einer korrekten Orthographie von Ketschua-Wörtern mit seiner Zugehörigkeit zu einem Kreis von Gelehrten in Córdoba zusammenzuhängen, die von dem Historiker Ambrosio de Morales gelernt hatten, bei der Erforschung altspanischer Schriften literarische, topographische und philologische Quellen mit heranzuziehen. Andererseits aber trug Garcilasos genaue Kenntnis der Neuen Welt und ihrer Geschichte wiederum dazu bei, den Horizont jener Altertumsforscher selbst zu erweitern. Als sein Freund Bernardo Aldrete 1606 seine Geschichte der kastilischen Sprache herausbrachte, verwendete er darin Beispiele aus dem Ketschua und dem Nahuatl, um zu zeigen, wie die militärische Eroberung linguistische Einheit fördern kann.[90]

Einen erheblich direkteren, wenngleich trotz allem begrenzten Einfluß dürften die amerikanischen Erfahrungen auf die Untersuchungsmethoden der Regierungsbeamten gehabt haben. Darauf angewiesen, authentische Informationen über eine völlig unbekannte Welt zu bekommen, war die spanische Krone gezwungen, das Sammeln von Material in großem Maßstab zu ermöglichen. Der Fragebogen wurde zu einem unverzichtbaren Instrument bei allen im Auftrage der Regierung durchgeführten Erhebungen. Die spanischen Beamten auf den Westindischen Inseln wurden mit Fragebögen regelrecht bombardiert. Die berühmtesten (wenn auch keineswegs die frühesten) waren jene, die um 1570 auf Betreiben des Präsidenten des Rates für die Westindischen Inseln, Juan de Ovando, erarbeitet wurden, um massenhaft Detailinformationen zu Geographie, Klima, Erzeugnissen und Bewohnern der spanischen Besitzungen in Amerika einzuholen. Es gab keinen ersichtlichen Grund, weshalb ein für die Neue Welt erdachtes Untersuchungsverfahren nicht auch in der Alten Welt Anwendung finden sollte, und so wurde 1574, nachdem Juan de Ovando Präsident des Finanzrates geworden war, in Kastilien eine ähnliche Erhebung durchgeführt.[91]

Ovandos Initiative beweist, wie entscheidend das Handeln eines einzelnen Menschen sein konnte, sofern dieser eine Schlüsselposition innehatte; sie spiegelt aber auch das recht verbreitete Bedürfnis jener Epoche wider, Dinge einzuordnen und zu klassifizieren. Gegen Ende des sechzehnten Jahrhunderts stand angesichts der enormen Menge neuer Beobachtungen, die in den vorangegangenen Jahrzehnten zusammengetragen worden waren, die Frage der Klassifizierung auf allen Wissensgebieten auf der Tagesordnung.[92] Erkenntnisse über Amerika bildeten da keine Ausnahme. Massenhaft war schlecht sortiertes Faktenmaterial über die Neue Welt nach Europa gelangt, und es gab sowohl in privater Hand als auch beim Rat für die Westindischen Inseln zahlreiche Manuskripte, die dringend gesichtet und kollationiert werden mußten. Um 1570 bestand dann schließlich die dringende Notwendigkeit, die nur allzu oft unsystematischen und von dem persönlichen Einsatz von Enthusiasten abhängigen Erhebungen methodisch fortzusetzen. Fernándes de Oviedo hatte zu seinen Lebzeiten den geradezu heldenhaften Versuch unternommen, das gesamte Wissen über die Neue Welt in einem gewaltigen enzyklopädischen Überblick zusammenzufassen, doch die neue, gebildetere Generation fand bereits, daß seine Methoden nicht den Erfordernissen genügten. Charakteristisch für Oviedos laienhaftes Vorgehen ist, daß er zwar alle Vorkehrungen für den sicheren Versand eines lebenden Leguans aus Hispaniola an seinen Freund Ramusio in Venedig traf, aber vergaß, sich ausreichend darüber zu informieren, welche Nahrung die Echse benötigte. Er gab dem armen Tier ein Fäßchen Erde als Wegzehrung mit; es hat die Reise nicht überlebt.[93]

Das Verlangen nach größerer Professionalität und mehr Systematik kam in den Jahren um 1570 auf vielfältige Weise zum Ausdruck. 1565 veröffentlichte Nicolás Monardes, ein Arzt aus Sevilla, seine berühmte Übersicht über die Heilpflanzen Amerikas, die 1577 unter dem Titel *Joyfull Newes out of the Newe Founde Worlde* in der von John Frampton besorgten englischen Übersetzung erschien. Ungefähr um die gleiche Zeit gründete der Bologneser Naturwissenschaftler Ulisse Aldrovandi einen botanischen Garten mit dazugehörigem Museum, für die er ständig um Exemplare amerikanischer Pflanzen bat. Beunruhigt über die methodischen Unzulänglichkeiten der ihm verfügbaren Bücher über Amerika, ersuchte er 1569 den Großherzog von Toskana, für ihn die Erlaubnis zu einer Forschungsreise nach den Westindischen Inseln zu erwirken. Diese blieb aus, doch ließ Philip II. zwei Jahre später eine derartige Forschungsreise nach Amerika durchführen, und zwar unter der Leitung des spanischen Naturwissenschaftlers und Arztes Dr. Francisco Hernández.[94]

1571, im selben Jahr also, als Hernández nach Mexiko aufbrach, richtete die spanische Krone ein neues Amt ein und berief Juan López de Velasco, einen engen Verbündeten Juan de Ovandos, des reformfreudigen Präsidenten des Rates für die Westindischen Inseln, zum ersten Kosmographen und offiziellen Geschichtsschreiber für die Westindischen Inseln.[95] Mit der Schaffung dieses Postens verfolgte man eine doppelte Absicht: Zum einen sollte mit einer exakten Auflistung dessen, was die Spanier in Amerika geleistet hatten, der Kritik von seiten des Auslands der Wind aus den Segeln genommen werden; zum anderen sollte der schändlichen Unwissenheit der auf den Westindischen Inseln eingesetzten Beamten über die ihrer Gerichtsbarkeit unterstellten Gebiete ein Ende bereitet werden. Eine offizielle *Geschichte* der Westindischen Inseln sollte es freilich erst geben, als Antonio de Herrera, ein späterer Chronist, Anfang des siebzehnten Jahrhunderts seine *Decadas* veröffentlichte. Trotzdem schrieb Velasco, dessen Interesse offenbar weniger der Geschichte als vielmehr der Kosmographie galt, zwischen 1571 und 1574 pflichtschuldig seine *Geografia y Descripción Universal de las Indias*.[96] Ein derartiges Werk – eine wunderbar knappe und überschaubare Zusammenfassung der vorhandenen Informationen über die Geographie, die Naturerscheinungen und die Völker der Westindischen Inseln – war genau das, was zu diesem Zeitpunkt gebraucht wurde. Und doch blieb Velascos Werk – ebenso übrigens wie die umfangreichen botanischen Aufzeichnungen von Hernández – den Zeitgenossen schlichtweg unbekannt und wurde erst 1894 erstmals vollständig publiziert. Wieder einmal konnten wichtige Erkenntnisse nicht die gebührende Wirkung ausüben, weil sie nicht zum Druck gelangten.

Velascos Werk war ein gewaltiges Unternehmen, stellte aber im Grunde nicht mehr als eine Faktensammlung dar. Erst als 1590 die große *Historia Natural y Moral de las Indias* von José de Acosta in spanischer Sprache erschien, hatte die Neue Welt tatsächlich ihren Platz im europäischen Denken gefunden. Diese Geschichte war, wie ihr Autor erklärte, etwas gänzlich Neues. Viele Schriftsteller hätten das Unbekannte und Exotische der Westindischen Inseln beschrieben, so Acosta, und ebenso viele hätten von den Taten der spanischen Eroberer berichtet. »Doch bis auf den heutigen Tag habe ich nicht einen gefunden, der die Ursachen und die Gründe für diese neuen Naturerscheinungen zu erklären sucht... auch habe ich kein einziges Buch gefunden, das sich mit der Geschichte der Ureinwohner der Westindischen Inseln befaßt, welche die Eingeborenen der Neuen Welt sind.«[97] Er hingegen habe sich die unerhört schwierige Aufgabe gestellt, den europäischen Lesern die Einzigartigkeit Amerikas und seiner Bewohner vor Augen zu führen und gleichzeitig die Dinge aufzuzeigen, in denen die Alte und die Neue Welt einander glichen. Den Widerspruch, daß er einerseits behauptete, es gäbe vieles, was Amerika und Europa vereine, andererseits aber ihre Verschiedenheit betonte, löste Acosta in einer Synthese, die wesentlich von seiner insgesamt aristotelischen Sicht geprägt war.

Diese Synthese bildete im Grunde den Höhepunkt eines ganzen Jahrhunderts gedanklicher Anstrengung, die den Europäern in einem langwierigen und qualvollen Prozeß drei Aspekte der amerikanischen Welt zu Bewußtsein brachte. Erstens mußte Amerika als räumliche Ganzheit in das Bild eingepaßt werden, das man sich in Europa von der natürlichen Welt machte. Zweitens mußte dem amerikanischen Menschen sein Platz unter den Völkern zugestanden werden. Und drittens mußten die Europäer Amerika als zeitliche Ganzheit in ihre Geschichtskonzeption integrieren. Alles das vollbrachte das sechzehnte Jahrhundert, und Acostas umgreifendem Verstand blieb es vorbehalten, das große Unternehmen zu vollenden.

Die allmähliche Anerkennung Amerikas als natürliches und geographisches Phänomen wurde durch die ausschließliche Abhängigkeit von den geographischen Erkenntnissen der Antike erschwert und zugleich auch befördert. Wie sehr diese Erkenntnisse in Frage gestellt wurden, veranschaulicht besonders lebhaft der Portugiese Pedro Nuñes, wenn er 1537 in seinem Traktat über die Region schreibt: »Neue Inseln, neue Länder, neue Meere, neue Völker; und, was noch mehr ist, ein neuer Himmel und neue Sterne.«[98] Es war nicht leicht, die traditionelle Vorstellung des *orbis terrarum* mit seinen drei Landmassen Europa, Asien und Afrika aufzugeben, und es war auch nicht leicht, sich von der Idee zu verabschieden, daß die südliche Hemisphäre eine unschiffbare, unbewohnbare, glühendheiße Zone sei. Was dies betraf, so belehrte die Erfahrung die Europäer relativ bald eines Besseren; die erstgenannte indes wurde erst 1728 mit der Durchquerung der Beringstraße widerlegt. Es ist daher verständlich, daß man sich noch während des sechzehnten Jahrhunderts unsicher war, ob Amerika nun zu Asien gehörte oder nicht. Las Casas entschied schließlich, dies sei in der Tat der Fall[99]; Fernándes de Oviedo hingegen vermutete, das »Hauptland dieser Indien (sei) eine andere Welthälfte, genauso groß, wenn nicht gar noch größer als Asien, Afrika und Europa ...«.[100]

Bestimmte kosmographische Vorstellungen aus der Antike vermochten die Entdeckungen jedoch zu untermauern. So konnte beispielsweise der Florentiner Lorenzo Buonincontri im Jahre 1476 unter Hinweis auf Strabo und Ptolemäus sowie unter Berufung auf die von den Portugiesen auf empirischem Wege erbrachten Beweise die Existenz eines vierten Erdteils behaupten.[101] Andere Vorstellungen dagegen, etwa die von unbewohnbaren Regionen oder Klimazonen, mußten aufgegeben oder grundlegend revidiert werden. Und im übrigen waren die Erkenntnisse der Antike bei der Deutung der Naturerscheinungen eines Weltteils, von dem man im Altertum noch gar nichts gewußt hatte, wenig hilfreich. Fernándes de Oviedo wurde nicht müde, darauf hinzuweisen, daß nichts die eigene Erfahrung ersetzen könne. »Was ich hier sage, das lernt man nicht in Salamanca, Bologna oder Paris ...«[102] Die unerhörte Überlegenheit der direkten, persönlichen Erfahrung gegenüber der Macht der Tradition zeigte sich in dem neuen Milieu Amerikas auf Schritt und Tritt. Und mit jeder neuen Gelegenheit bröckelte ein weiteres Stück ab vom Felsmassiv der Tradition.

Aber gerade weil die Naturerscheinungen der Neuen Welt in den traditionellen Kosmographien oder Naturgeschichten eben nicht enthalten waren, war es so schwierig, sie ins Bewußtsein der Europäer zu rücken. Häufig griff man zu diesem Zweck zu Analogien oder Vergleichen. Aber auch die vergleichende Methode hatte ihre Risiken und Nachteile. So verglichen zum Beispiel Oviedo und Las Casas Hispaniola mit den beiden anderen berühmten Inseln, England und Sizilien, um zu beweisen, daß es mindestens ebenso fruchtbar war wie jene. Aber im Grunde verwischten sie damit nur die Unterschiede zwischen den drei Inseln.[103] Acosta, der die Gefahr erkannte, warnte besonders vor der Annahme, die amerikanischen Rassen unterschieden sich nur äußerlich, nicht aber in ihrem Wesen, von den europäischen. Mitunter bestünden zwischen ihnen ganz erhebliche Diskrepanzen, erklärte er, und wer diese auf die Unterschiede zwischen den in Europa vorkommenden Menschentypen reduzieren wolle, könne ebenso von einem Ei sagen, es gleiche im Prinzip einer Kastanie.[104]

Acosta betonte, daß die amerikanische Natur ihre ganz eigenen, eindeutigen Merkmale besäße, da sie einem eigenen, dem vierten Erdteil angehöre, aber gleichzeitig hinlänglich allgemeine Eigenschaften habe, um einen der vier Teile eines gemeinsamen Ganzen zu bilden. Dies gelte im übrigen nicht nur für die Natur, sondern auch für den Menschen. »Was das Menschliche betrifft, so gibt es sehr große Ähnlichkeiten«, schreibt er, um seine Entscheidung, eines der sieben Bücher seiner *Historia Natural y Mo-*

ral der Geschichte der mexikanischen Indianer zu widmen, zu rechtfertigen.[105] Aber gerade die Frage, ob und in welchem Maße man die Völker Amerikas zu den Menschen rechnen könne, hatte das ganze sechzehnte Jahrhundert hindurch Stoff zu den hitzigsten Debatten geboten. Denn mehr noch als die geographische Einheit Amerika zwang der amerikanische Mensch die Europäer, ihre überkommenen Vorstellungen und Haltungen von Grund auf zu überdenken.

Zur Zeit der Entdeckung Amerikas gab es bereits eine Reihe locker definierter Kategorien, in die die Europäer die verschiedenen Völker der Welt einordnen konnten.[106] Die beiden ererbten Traditionen Europas – die jüdisch-christliche und die der Antike – verleiteten dazu, die Menschheit nach zwei Kriterien zu klassifizieren, die Völker also einerseits nach ihrer Zugehörigkeit zu einer bestimmten Religion und andererseits nach dem Reifegrad ihrer Zivilisation zu beurteilen. Bei der Religion verlief die entscheidende Trennlinie zwischen Christen und Heiden. Das Europa der Renaissance übernahm allerdings aus der klassischen Literatur überdies die Unterscheidung zwischen Griechen und Barbaren; und der Barbar war nicht nur ein Heide, sondern er war zudem grob und ungeschliffen. Die verschiedenen Völker zeigten unterschiedliche Grade von Barbarei, und in der Regel wurden diese Unterschiede mit astrologischen und Umwelteinflüssen erklärt. Aristoteles hatte die Europäer gelehrt, den Menschen – er mochte noch so barbarisch sein – als ein von Natur aus geselliges Wesen zu betrachten, doch war man sich auch einig, daß es Menschen gab, die so unbändig oder so wild waren, daß sie einsam in den Wäldern leben mußten, fernab von den Segnungen der Religion oder gesellschaftlicher Institutionen. Gleich Nebukadnezar, dem Prototyp des Wilden, stellten sie eher den degenerierten als den primitiven Zustand des Menschen dar, obgleich die klassischen Lehren des Goldenen Zeitalters auch bewußtgemacht hatten, daß der einsame Waldbewohner genausogut der von der Zivilisation noch unverdorbene Mensch im Stande primitiver Unschuld sein konnte.[107]

Diese allgemeinen Vorstellungen vom Menschen und der Gesellschaft lieferten zumindest ein grobes Bezugssystem, mit dessen Hilfe die Europäer ein Verhältnis zu den Völkern Amerikas finden konnten. Allerdings trat im Verlauf des sechzehnten Jahrhunderts mit zunehmender Erkenntnis und wachsendem Wissen über die Ureinwohner Amerikas und die enormen Unterschiede zwischen ihnen zwangsläufig auch die Unzulänglichkeit der bestehenden Denkmodelle zutage und verlangte nach Veränderungen. Es gab von Anfang an krasse Meinungsverschiedenheiten bezüglich des Wesens des amerikanischen Menschen. Diejenigen Europäer, die noch nie einen Indianer zu Gesicht bekommen hatten, waren im großen und ganzen am ehesten geneigt, die Vorstellung von dem unschuldigen Wilden zu verteidigen. Hingegen konnten Europäer, die über längere Zeit mit den Indianern Kontakt gehabt hatten, leicht in das andere Extrem fallen. Dr. Chanza, der Kolumbus auf seiner zweiten Reise begleitete, bemerkte mit Blick auf die Nahrung, die die Eingeborenen von Hispaniola zu sich nahmen und die unter anderem aus Wurzeln, Schlangen und Spinnen bestand: »Mir scheint, sie sind tierischer als jedes Tier der Welt.«[108] Die Tierhaftigkeit des Indianers ist ein Thema, das sich abwechselnd mit dem seiner urzeitlichen Unschuld durch die gesamte frühe Entdeckungs- und Besiedlungsliteratur zieht, obschon offenbar nicht einmal die eingefleischtesten Vertreter der These von der Tierhaftigkeit des Wilden so weit gingen, ihm das Recht auf die Bezeichnung Mensch ganz und gar abzusprechen. Denn wenn er kein Mensch gewesen wäre, dann wäre er auch nicht fähig gewesen, den Glauben zu empfangen; und gerade die Fähigkeit der Bekehrung war es ja, auf die Paul III. verwies, um in der Bulle *Sublimis Deus* von 1537 zu verkünden, die Indianer seien »wahrhaftig Menschen«.[109]

Die christliche Tradition definierte den Menschen nach seinem Vermögen, die Gnade Gottes zu empfangen; die Tradition der Antike definierte ihn nach seiner Ratio. Es herrschte, vor allem nach *Sublimis Deus*, allgemein Einigkeit darüber, daß die Eingeborenenvölker Amerikas die Kriterien beider Traditionen hinlänglich erfüllten, um der menschlichen Spezies zugerechnet werden zu können. Die Diskussion darüber allerdings, bis zu welchem Grade sie ihnen im einzelnen genügten, war keineswegs abgeschlossen. Weit davon entfernt, die reine Milch der frommen Denkungsart gierig zu schlürfen und so den freudigen Erwartungen der Missionare der ersten Generation zu entsprechen, ließen die Indianer im Gegenteil in Glaubensdingen außerordentliche Unzuverlässigkeit erkennen. Darin waren Katholiken und Protestanten einer Meinung. Fernándes de Oviedo äußerte ernste Bedenken an der Echtheit ihrer Bekehrung[110], und Jean de Léry fand bei den Tupinambá in Brasilien auf mannigfache Weise bestätigt, daß die kalvinistische Lehre recht hatte. »Seht doch nur, wie unbeständig diese Armen sind – ein gutes Beispiel für die Verderbtheit des Menschen.«[111]

Der Grad der bei den Indianern anzutreffenden Vernunft war ebenso Gegenstand von Diskussionen wie der Grad ihrer Fähigkeit, den Glauben zu empfangen. Für Fernándes de Oviedo waren sie eindeutig minderwertige, von Natur aus faul und lasterhaft veranlagte Wesen; er fand auch den Beweis für ihre Minderwertigkeit, und zwar nicht in ihrer Hautfarbe, denn diese besaß im sechzehnten Jahrhundert noch nicht die Bedeutung, die sie später erlangen sollte[112], sondern in der Größe und dem Umfang ihrer Schädel, die auf eine Deformation jenes Körperteils hinwiesen, von dem man meinte, er gebe Aufschluß über die geistigen Fähigkeiten des Menschen.[113] Aus dieser Hypothese können wir ersehen, daß es, zumindest bei den spanischen Kolonisten, eine grobe biologische Theorie gab, die zur Untermauerung der These von Sepúlveda herhalten konnte, der unter Berufung auf Aristoteles behauptete, die Indianer seien von Natur aus zum Dienen geschaffen, da sie den Spaniern an Vernunft unterlegen seien. »Man kann sagen«, erklärte ein anonymer Experte, dessen Meinung Philipp III. durch den offiziellen Vertreter der Bergwerksgesellschaft von

Neuspanien 1600 übermittelt wurde, »die Indianer sind die Sklaven der Spanier... gemäß der von Aristoteles in seiner *Politeia* vertretenen Doktrin, daß man die Menschen, die von anderen regiert und beherrscht werden müssen, als deren Sklaven bezeichnen kann... Und aus diesem Grunde hat sie die Natur mit einem besonderen Körperbau ausgestattet, damit sie Kraft zum Dienen haben. Die Spanier hingegen sind zart gebaut und wurden klug und geschickt geschaffen, damit sie ein politisches und zivilisiertes Leben führen können *(tratar la policía y urbanidad)*.«[114]

Es war nicht schwer, Tierhaftigkeit, Unvernunft und Barbarei miteinander gleichzusetzen, und sobald das geschehen war, konnte man sich auf Aristoteles berufen, um die Herrschaft der Spanier über die Indianer als naturnotwendig zu rechtfertigen. Spanier wie Vitoria jedoch, denen es eiskalt den Rücken herunterlief, wenn sie daran dachten, wie ihre Landsleute sich auf den Westindischen Inseln aufführten[115], sahen sich durch solche Behauptungen veranlaßt, die althergebrachte europäische Klassifizierung der Weltbevölkerung noch einmal neu und gründlicher als zuvor zu überdenken. Dieser Prozeß der Neubewertung war überaus bedeutsam, denn er zwang die Europäer, nach und nach von der engen und vordergründig politisch geprägten Definition dessen, was unter Zivilisation zu verstehen sei, abzuweichen und eine weiter gefaßte Konzeption zu entwickeln, die Zivilisation nicht unbedingt mit christlicher Religion identifizierte.[116]

Fray Tomás de Mercado schreibt um 1560, die Neger und Indianer seien »Barbaren«, weil »sie sich niemals von der Vernunft leiten lassen, sondern nur von der Leidenschaft«.[117] Ein derart altbackenes Argument war nur zu entkräften, indem Beweise für die Vernunft der Indianer erbracht wurden. Schon daß man nach solchen Beweisen suchte, trug dazu bei, der Vorstellung vom zivilisierten Menschen klarere Umrisse zu geben. Las Casas erklärte zum Beispiel, die mexikanische Architektur mit ihren »sehr alten, geschwungenen und pyramidenartigen Gebäuden« zeuge »in keinem geringen Maße von ihrer Klugheit und guten Politik« (eine These, die von Sepúlveda mit dem Hinweis darauf verworfen wurde, daß auch Bienen und Spinnen Kunstwerke hervorzubringen verstünden, die kein Mensch nachahmen könne).[118] Doch die architektonischen Leistungen waren nur einer von vielen Belegen dafür, daß die Indianer eine Fähigkeit zu gesellschaftlichem und politischem Leben besaßen, von der sich zahlreiche europäische Beobachter der amerikanischen Gegebenheiten tief beeindruckt zeigten. »Es liegt«, schreibt Vitoria um 1530, »eine gewisse Methode darin, wie sie ihre Angelegenheiten regeln, denn sie haben ordentlich geführte Gemeinwesen, und sie haben Monogamie und Friedensrichter und Oberherren und Werkstätten und ein System des Tauschhandels – alles Dinge, die den Gebrauch der Vernunft verlangen; sie haben auch eine Art Religion.«[119]

Die Konsequenzen dessen, was Vitoria hier aufführt, waren so weitreichend, daß sie sich auch auf die Vorstellungen der christlichen Völker hinsichtlich ihrer Beziehungen zur übrigen Welt auswirken mußten. Vernunft, ablesbar an der Fähigkeit, in einer Gesellschaft zu leben, war das Kriterium für Zivilisation; und wenn diese Zivilisation nicht, wie es wünschenswert gewesen wäre, die Krone des christlichen Glaubens trug, so war dies offenkundig eher ein Unglück als ein Verbrechen. »Nicht diese Eingeborenen sind schuld daran«, so Vitoria, »daß sie sich seit vielen hundert Jahren außerhalb der Grenzen des Heils befinden, da sie in Sünde und bar der Taufe und bar der Vernunft geboren sind, durch welche sie alles finden könnten, dessen es zum Heil bedarf. Folglich schreibe ich die Tatsache, daß sie so unverständig und dumm scheinen, größtenteils einer schlechten und barbarischen Erziehung zu, findet man doch selbst in unserem Volke viele Bauern, die rechte Grobiane sind.«[120]

Obwohl Vitorias Sicht stark von den Theorien der Römer beeinflußt war, die die Menschen als eine Weltgemeinschaft vernunftbegabter Wesen betrachteten, warf seine Argumentation ein neues Licht auf Christentum und Barbarei. Die amerikanischen Indianer hatten ihre Fähigkeit, in einer Gesellschaft zu existieren, unter Beweis gestellt und damit ihr Recht geltend gemacht, in diesen Club mit aufgenommen zu werden. Es konnte nicht sein, daß der Club allein den Christen vorbehalten war, denn alle vernunftbegabten Menschen waren Bürger »der ganzen Welt, die in gewisser Weise eine einzige Republik ist«.[121] Wenn dem aber so war, was wurde dann aus dem traditionellen Unterschied zwischen Christen und Barbaren? Er verlor zunehmend seine Bedeutung als trennendes Element.

In seinem kurz vor 1570 geschriebenen Bericht über die Herren von Neuspanien weist beispielsweise Alonso de Zorita darauf hin, daß es ein Widerspruch sei, wenn Cortés einerseits die Leistungen der Azteken in den höchsten Tönen lobe und andererseits nicht davon abgehe, sie als Barbaren zu bezeichnen. Daß Cortés in diesem Zusammenhang das Wort Barbaren gebraucht, mag nach Zoritas Auffassung »daher rühren, daß wir die Ungläubigen ›Barbaren‹ zu nennen pflegen« – in Anlehnung an die Art der Begriffsverwendung im Psalter, etwa im 114. Psalm, wo die Ägypter als Barbaren bezeichnet werden, weil sie Götzen anbeten. »In anderer Beziehung aber«, so der Autor, »waren die Ägypter ein sehr kluges Volk.« Zorita weist auch darauf hin, daß für die Griechen und Römer alle Völker »barbarisch« waren, deren Sprache, Sitten und religiöse Riten sich von den ihren unterschieden. »Mag sein, daß die Spanier die Indianer wiederum ihrer großen Einfalt wegen barbarisch nennen, denn sie sind von Natur aus frei von Falschheit und Arglist ... Wegen dieser großen Unschuld der Indianer kann derjenige, der mit ihnen Handel treibt, sie sehr leicht betrügen ... Aber so gesehen, könnten wir auch die Spanier Barbaren nennen, werden doch heutzutage selbst in den bestregierten Städten kleine Spielzeugschwerter und -pferde und Messingpfeifen und kleine Schlangen aus Draht und Kastagnetten mit Glocken auf den Straßen feilgeboten ... Mögen also jene, die (die Indianer) Barbaren nennen, bedenken, daß sie mit dem gleichen Recht die Spanier und andere Völker, denen man große

Fähigkeiten und Klugheit nachrühmt, ›Barbaren‹ nennen könnten.«[122] Hier wird bereits eine Geisteshaltung erkennbar, die Montaigne später veranlassen sollte, seine berühmte Sentenz »gewöhnlich freilich wird alles als Barbarei bezeichnet, was ungewöhnlich ist« niederzuschreiben.[123]

Zoritas Überlegungen über das Wesen des Barbarischen lassen erkennen, wie sehr die Bekanntschaft mit anderen Völkern die Europäer zwang, sich selbst in einem neuen und mitunter unerwarteten Licht zu sehen. Das aber wäre sehr viel schwieriger gewesen und hätte möglicherweise gar nicht stattfinden können, wenn nicht die europäische Kultur gewisse Elemente und Eigentümlichkeiten besessen hätte, die zumindest die Voraussetzungen für ein solches Umdenken schufen. Sosehr sich die jüdisch-christliche Tradition und das Erbe der Antike voneinander unterschieden, so waren sie doch in sich reich und differenziert genug, um die keineswegs reibungslose Koexistenz einer Vielzahl unterschiedlicher und nicht selten unvereinbarer Ideen in einem einzigen Denkmodell zuzulassen. Manche dieser Ideen blieben lange Zeit im Hintergrund, andere spielten eine beherrschende Rolle. Aber ein plötzlicher Schock wie die Entdeckung Amerikas wirbelte das Kaleidoskop herum und brachte alternative Ideen oder Ideenkombinationen ins Blickfeld. So konnte sich zum Beispiel Zorita, was seine abwägende Haltung zum Thema Barbarei anging, sehr wohl auf die Bibel berufen, nämlich auf eine Passage aus 1 Korinther 14:10–11, wo es heißt: »Es ist mancherlei Art der Stimmen in der Welt, und derselbigen ist keine undeutlich. / So ich nun nicht weiß der Stimme Deutung, werde ich ein Welscher sein dem, der da redet, und der da redet, wird mir ein Welscher sein.«

Die Entdeckung Amerikas, die für so viele Bereiche des Denkens von Bedeutung war, spielte also auch insofern eine wichtige Rolle, als sie dazu beitrug, die Vorstellungen der Europäer davon, was barbarisch und was zivilisiert sei, zu verändern und zu differenzieren. Und dies weniger, indem sie vollkommen neue Ideen hervorbrachte, als vielmehr dadurch, daß sie Europa zwang, sich offensiv mit in seiner eigenen Kulturtradition bereits existierenden Konzepten und Problemen auseinanderzusetzen. Bei näherem Hinsehen zeigte sich, daß diese Tradition keineswegs dürftig war und auf viele der Rätsel und Fragen, die Amerika aufwarf, Antworten geben konnte. Indem sie die Antike bewunderten, wurde den Europäern bewußt, daß es vor ihnen schon andere Zivilisationen gegeben hatte, die ihrer eigenen überlegen gewesen waren. Dem christlichen Denken und den Stoikern verdankten sie die Idee der grundsätzlichen Einheit der Menschheit. Von Aristoteles hatten sie gelernt, den Menschen im wesentlichen als gesellschaftliches Wesen zu sehen. All dies trug dazu bei, daß zumindest einige von ihnen in der Lage waren, ihre Gesellschaft aus einer gewissen Distanz zu betrachten, und nicht ganz ohne Erfolg festzustellen versuchten, in welcher Beziehung sie zu den anderen Völkern der Welt standen.

Hierbei zeigte sich, daß die aristotelische Lehre es in sich hatte. Zwar konnte sich Sepúlveda zur Bekräftigung seiner These von der natürlichen

Unterlegenheit des Indianers auf Aristoteles berufen, aber auch Vitoria konnte in seinem Eintreten für die unveräußerlichen Rechte der heidnischen Gesellschaften Aristoteles als Gewährsmann zitieren, und überdies hatte das aristotelische System die beiden großartigsten Versuche zur Integration Amerikas in eine einheitliche Konzeption von Welt, Mensch und Geschichte ermöglicht, die im sechzehnten Jahrhundert unternommen wurden – den von Las Casas und den von Acosta.

Las Casas' umfangreiche *Apologética Historia,* die vermutlich um die Mitte des 16. Jahrhunderts entstand, ist ein ungelesenes Meisterwerk, und das zum Teil, weil es nahezu unlesbar ist, und zum Teil, weil es bis zum 20. Jahrhundert seiner Drucklegung harren mußte. Es ist bedauerlich, daß dieses Buch so in Vergessenheit geraten war, denn trotz der vielen darin enthaltenen Fehler stellt es einen äußerst kühnen und sachkundigen Versuch dar, den Völkern der Neuen Welt im Rahmen einer globalen Übersicht über die menschliche Zivilisation Gerechtigkeit widerfahren zu lassen. Las Casas untersucht die körperliche und moralische Disposition des Indianers, um zu beweisen, daß dieser ein vollkommen vernunftbegabtes Wesen und durchaus in der Lage ist, sich selbst zu regieren und das Evangelium zu empfangen. Er stützt sich dabei auf die von Aristoteles aufgestellten Kriterien. Die Ergebnisse seiner Analyse der indianischen Gesellschaft lassen sich mit denen ähnlicher Analysen von Gesellschaften in der Alten Welt vergleichen, insbesondere (jedoch keineswegs ausschließlich) mit denen der Griechen und Römer. So gerät Las Casas' Studie zu einem imposanten Versuch der vergleichenden Kulturanthropologie, bei dem die sozialen und religiösen Bräuche der Griechen, Römer, Ägypter, der alten Gallier und Bretonen denen der Azteken und Inkas gegenübergestellt werden. Ein Vergleich, der im allgemeinen zugunsten der beiden letzteren ausfällt.

Ein Problem aber gab es, das Las Casas in Verlegenheit bringen konnte und dem er sich stellen mußte. Dafür, daß jene Indianervölker, die in Gemeinwesen lebten, vollkommen vernünftig waren, konnte er massenhaft Argumente und Beweise beibringen. Doch wie sah es mit denen aus, die so barbarisch waren, daß sie wie die Tiere im Wald lebten? Las Casas erwägt zunächst verschiedene Gründe, die den Menschen veranlassen können, außerhalb der Gesellschaft zu leben, etwa die Besiedlung neuer Gebiete, das Fehlen einer Gefährdung durch andere Menschen oder wilde Tiere, er findet aber schließlich die Antwort in Ciceros Formulierung der Lehre der Stoiker, wonach alle Menschen auf der Welt Menschen sind und es nur eine Eigenschaft gibt, durch die sich der Mensch, ganz gleich, woher er kommt, als Mensch definiert, nämlich die Vernunft. Traf dies zu, war der Mensch ein vernunftbegabtes Wesen, dann mußte es möglich sein, auch den barbarischsten Menschen über kurz oder lang mit Behutsamkeit und Beharrlichkeit dazu zu bewegen, in einem geordneten Gemeinwesen zu leben.[124]

Dem liegt die Überlegung zugrunde, daß es verschiedene Grade von Barbarei und Zivilisation gibt; und tatsächlich untersucht Las Casas am Schluß seiner *Apologética Historia* die Bedeutung des Begriffs Barbar und unterteilt die »Barbaren« in mehrere Typen. Als Barbaren könne man alle Völker bezeichnen, die sich nicht zum christlichen Glauben bekennen. So gesehen, seien die Indianer Barbaren. Man könne das Wort indes auch auf Menschen anwenden, die so sehr den Verstand verloren hätten, daß sie sich wie wilde Grobiane aufführten, auf solche, die sich weigerten, die Gesetze zu befolgen und sich in das gesellschaftliche Leben einzuordnen, und auf Menschen, die der Kunst des Schreibens nicht mächtig seien und fremde Sprachen sprächen. Man könne sich vorstellen, daß die Indianer bis zu einem gewissen Grade in diese letztgenannte Kategorie fielen, in puncto Sprache allerdings, so Las Casas, »sind wir für sie genauso Barbaren wie sie für uns«.[125]

Acosta treibt diese Klassifizierung in seinem 1576 geschriebenen Werk *De Procuranda Indorum Salute* noch einen Schritt weiter. Für ihn sind die Barbaren der obersten Kategorie Völker wie die Chinesen und Japaner, die in stabilen Republiken leben und Friedensrichter, Städte und Bücher haben. In die mittlere Kategorie fallen Völker wie die Mexikaner und Peruaner, die der Kunst des Schreibens nicht mächtig sind und »nichts von Zivilisation und Philosophie wissen«, aber über vorzügliche Regierungsformen verfügen. Zur dritten und untersten rechnet er jene Völker, die »ohne König, ohne Vereinbarungen, ohne Friedensrichter oder eine Republik an wechselnden Orten leben oder deren Aufenthaltsort, falls es ein fester ist, der Höhle eines wilden Tieres gleicht«.[126]

Mit derartigen Klassifizierungen brachten Las Casas und Acosta letztlich – ausgehend von all den neuen Erkenntnissen, die sie aus Amerika hatten – von neuem eine Frage aufs Tapet, die die Europäer schon seit langem verwirrte und faszinierte: die Frage der kulturellen Verschiedenheit.[127] Wie ließen sich die Unterschiede zwischen den Völkern erklären? Die traditionelle Erklärung, die Bodin für das sechzehnte Jahrhundert neu formulierte, betonte primär die geographischen und klimatischen Faktoren. Doch die Beobachtung der Völker der Neuen Welt ließ auch andere Erklärungen in Betracht kommen. Welche Bedeutung hatte zum Beispiel die Wanderung? Stammten die Bewohner Amerikas wirklich, wie das orthodoxe Denken behauptete, von Noah ab[128], dann war klar, daß sie die Tugenden des gesellschaftlichen Lebens auf ihrer Wanderung verloren hatten. Acosta ging davon aus, daß sie auf dem Landweg aus Asien in die Neue Welt gekommen seien und sich unterwegs zu Jägern entwickelt hätten. Mit der Zeit hätten dann einige von ihnen sich in bestimmten Gebieten Amerikas zusammengeschlossen, wieder in der Gesellschaft zu leben begonnen und nach und nach Gemeinwesen gegründet.[129]

Diese Hypothese beruhte auf der Annahme einer linearen Entwicklung von der Barbarei hin zur Zivilisation. Acosta wies eindeutig nach, daß der amerikanische Mensch einen solchen linearen Entwicklungsprozeß durchlaufen hatte. Daraus ergaben sich auch für die europäische Geschichte spürbare Folgen. Man wußte zuwenig über andere nichteuropäische Gesellschaften aus jener Zeit, um gründliche Vergleiche zwischen diesen und denen Amerikas anstellen zu können. Demgegenüber waren die Bräuche der amerikanischen Völker sehr häufig mit denen europäischer Gesellschaften vergangener Epochen verglichen worden, und das hatte überraschende Ähnlichkeiten ans Licht gebracht. Die logische Schlußfolgerung daraus war, daß diese lineare Entwicklung nicht nur in Amerika vor sich gegangen war und daß die Vorfahren der modernen Europäer in früheren Zeiten wohl den Menschen ähnlich gewesen waren, die man nun in Amerika antraf. Die Ureinwohner Floridas, schreibt Las Casas, befänden sich noch immer »in dem primitiven Urzustand, in dem sich alle anderen Nationen befanden, ehe jemand kam, der sie belehren konnte... Wir sollten bedenken, was wir und all die anderen Nationen der Welt waren, ehe Jesus Christus zu uns kam.«[130] Zum Beweis benutzte man John Whites Zeichnungen von den nordamerikanischen Indianern aus dem Jahre 1585 dazu, den Menschen in Europa eine Vorstellung von den alten Pikten und Bretonen zu geben.[131]

Gegen Ende des sechzehnten Jahrhunderts waren die Europäer aufgrund ihrer Kenntnisse von Amerika schließlich zumindest in groben Umrissen im Besitz einer Theorie der gesellschaftlichen Entwicklung. Doch diese Theorie war im großen und ganzen eingebettet in eine Geschichtskonzeption, deren Bezugspunkte europäisch waren und die den Geschichtsprozeß unter dem Blickwinkel des Christentums und der Idee der Vorsehung interpretierte. Das Kriterium, an dem der Reifegrad nichteuropäischer Völker gemessen wurde, blieb eindeutig eurozentristisch. Wenn man ihre »rauhen Sitten« mit »unserer eigenen Zivilisation« vergleiche, argumentierte Etienne Pasquier, als er von den brasilianischen Wilden erfuhr, dann seien die Völker der Neuen Welt wirklich *neue* Völker.[132] Doch sei diese Zivilisation ja selbst ein Ergebnis des Christentums, das den folgerichtigen Höhepunkt und den Gipfel der Geschichte des Aufstiegs des Menschen, wo auch immer, aus dem barbarischen Zustand bilde. Garcilaso de la Vega beispielsweise ist der Ansicht, Peru habe in seiner geschichtlichen Entwicklung drei klar definierte Stadien durchlaufen. Vor dem Auftauchen der Inkas ist es eine wilde, barbarische Gesellschaft, wo die Menschen gleich Tieren in tiefster geistiger Finsternis leben. Das Inkareich mit seinen Ahnungen von Naturgesetzen und von Zivilisation sei für die Neue Welt das gewesen, was für die Alte das Römische Reich war, ohne dessen Gründung die Verbreitung des Christentums unmöglich gewesen wäre. Die Ankunft der Spanier als Boten des Gottesworts habe den Beginn einer neuen, glorreichen Epoche markiert, die als Höhepunkt dessen angesehen werden könne, was Gott den Völkern Perus zur Bestimmung gemacht habe.[133]

Die von Männern wie Garcilaso oder Acosta vertretene, christlich ausgerichtete Auffassung der Geschichte als Entwicklung vom Niederen zum Höheren stand im krassen Gegensatz zum Geschichtspessimismus der Anhänger der zynischen Theorie vom Aufstieg und Untergang der Zivilisationen. Die nahezu an Wunder grenzende Serie aufeinanderfolgender Ereignisse, die zur Entdeckung, Eroberung und Bekehrung der Neuen Welt geführt hatten, trug viel dazu bei, daß sich im Denken des sechzehnten Jahrhunderts die lineare beziehungsweise progressive gegen die zynische Interpretation des Geschichtsprozesses behaupten konnte.[134] Aber diese lineare Interpretation ließ sich ohne weiteres aus ihrem christlichen Kontext lösen. Die Idee der Entwicklung des Menschen von der Barbarei zur Zivilisation konnte sich leicht verselbständigen und als rein weltlicher Prozeß betrachtet werden. Die Erkenntnis des Gegensatzes zwischen den amerikanischen und den europäischen Völkern mußte nicht unbedingt auf das Christentum bezogen werden. »Ferner erwäge man«, schreibt Sir Francis Bacon, »wie sehr die menschliche Lebensweise in irgend einem höchst cultivirten Theil von Europa in irgend einer wilden und barbarischen Gegend von Amerika, verschieden sei: man wird den Abstand so groß finden, daß man mit Recht sagen kann, *ein Mensch ist gegen den anderen ein Gott:* nicht nur wegen der Hülfe und Wohlthaten, die einer dem anderen erweisen mag, sondern auch im Vergleich ihres verschiedenen Zustandes. Diese Verschiedenheit rührt aber weder vom Boden, noch vom Himmelsstrich, noch von der Organisation, sondern bloß von den Künsten her.«[135]

Hundert Jahre europäischer Geschichte seit der Entdeckung Amerikas hatten die These, daß der Entwicklungsstand von Kunst und Wissenschaft Gradmesser des Fortschritts sei, hinreichend bewiesen. Und wenn Fortschritt nunmehr denkbar geworden war, so war das teilweise den Entdekkungen selbst zu verdanken. Durch sie waren sowohl die Ehrfurcht vor der Antike als auch der Glaube an das Goldene Zeitalter, das es in längst vergangenen Zeiten gegeben haben sollte, erschüttert. Die Entdeckung Amerikas bedeutete, daß die Menschen der Neuzeit etwas erreicht hatten, was die Antike nicht erreicht hatte; und überdies lieferte sie den schlagenden Beweis der Überlegenheit der eigenen Erfahrung gegenüber der ererbten Tradition. »Die Erfahrung läuft Sturm gegen die Philosophie«, schreibt Gómara in seiner *Historia de las Indias.*[136] Und weil dies eine reine Erfahrung der Neuzeit war, wuchs die Notwendigkeit, einmal für richtig erkannte Auffassungen über den Gang der Geschichte neu zu durchdenken. »Verglichen mit dem unseren«, schreibt Bodin, »erschiene uns das Zeitalter, das man das Goldene nennt, gewiß als eisernes ...«

Daß Bodin die Existenz eines solchen Goldenen Zeitalters bestreiten konnte, hängt nicht zuletzt mit den Entdeckungen zusammen. Er behauptet: »Wer diese Frage abwägt, kann keinen Zweifel daran haben, daß man die Entdeckungen der Menschen unserer Zeit mit denen unserer Vorfahren vergleichen darf; viele müssen noch höher eingeschätzt werden.«[137]

Die Entdeckung der Neuen Welt unterstützte also nicht nur die christliche, von dem Gedanken der Vorsehung geprägte Interpretation der Geschichte als fortschreitende Bewegung, die in der Evangelisierung der ganzen Menschheit kulminiert; sie gab auch der rein weltlichen Interpretation der Geschichte als fortschreitende Bewegung, die ihren Gipfel in der Zivilisation der ganzen Menschheit erreicht, Rückenwind. Die Ereignisse der jüngsten Vergangenheit hatten, zumindest in einigen Aspekten, die Überlegenheit der modernen Europäer gegenüber den Menschen des klassischen Altertums gezeigt. Doch sie hatten auch ihre Überlegenheit gegenüber den barbarischen Völkern eines beträchtlichen Teils des Erdballs gezeigt. Natürlich gab es feine Unterschiede. »Kein Volk ist so barbarisch«, schreibt Acosta, »daß es nicht etwas Gutes an sich hat, wie es denn auch kein Volk gibt, es mag noch so zivilisiert sein, das nicht auch etwas hat, das der Besserung bedarf.«[138] Entsetzt über die Barbarei in ihren eigenen Ländern, hegten manche Europäer berechtigte Zweifel an der Echtheit beziehungsweise am Wert ihrer »Zivilisation«. Als Jean de Léry wieder daheim in Frankreich war, dachte er voller Nostalgie an seine Zeit bei den brasilianischen Wilden zurück[139]; und da sich der Reiz der Unschuld und der der Zivilisation die Waage hielten, stand für ihn die Idee des Fortschritts auf unsicheren Füßen.

Zwar ließen sich die Zweifel nicht zum Schweigen bringen, doch hielt der wachsende Stolz auf die Errungenschaften des modernen Europa sie immerhin in Grenzen. Mit der Entdeckung Amerikas hatte Europa sich selbst entdeckt. Die militärische, religiöse und geistige Eroberung der Neuen Welt machte den Europäern ihre eigene Stärke bewußt und ließ sie erkennen, welche Leistungen sie vollbracht hatten. Und zugleich begriffen sie, wie Bodin sagt, daß »erstaunlicherweise alle Menschen in einem Weltstaat zusammenarbeiten wie in einem Stadtstaat«.[140] Aber die Vorstellungen von dieser *republica mundana* folgten europäischen Maßstäben, und die Bedingungen, zu denen die Neue Welt darin aufgenommen wurde, waren ebenfalls europäisch. Das bedeutete zweifellos eine gewisse Einschränkung der Wirkung der geistigen Assimilation Amerikas als Erfahrung, die in Europa Veränderungen bewirken konnte. Das Europa von 1600 war selbstbewußt – selbstbewußter als noch hundert Jahre zuvor. Und eine selbstbewußte Gesellschaft hat kein Interesse, Fragen zu stellen, deren Beantwortung sie in Verlegenheit bringen könnte. Symbolisiert wurde dieses Europa nicht durch den Humanisten mit seinen Illusionen und seinen Zweifeln, sondern durch das Bildnis des spanischen Kapitäns Vargas Machuca. Das Frontispiz zu seiner 1599 erschienenen Beschreibung der Westindischen Inseln[141] zeigt ihn, in einer Hand das Schwert, in der anderen einen Zirkel, mit dem er einen Globus mißt. Darunter stand als Motto zu lesen:

> A la espada y el compás
> Más y más y más y más.
> (Mit dem Zirkel und dem Schwert
> Mehr und mehr und mehr und mehr.)

Nachdem sie Amerika erobert und ihrer eigenen Geisteswelt einverleibt hatten, konnten die Europäer um 1600 voll Stolz und im Vertrauen auf ihre eigene geistige, moralische und technische Überlegenheit, ihre militärische Stärke und ihre wirtschaftliche Macht in die Welt blicken.

Neuland

Es brauchte seine Zeit, bis Europa die Neue Welt in seinen geistigen Horizont integriert hatte, und die Entwicklung entsprechender Denkmodelle ging mit einem gewissen Maß an Beunruhigung einher. Aber die Beunruhigung, die die Entdeckung Amerikas hervorrief, blieb nicht auf das europäische Geistesleben beschränkt. Es galt zugleich, die Neue Welt in die ökonomischen und politischen Systeme Europas einzubeziehen; und auch dabei war es nur natürlich, daß dieser Integrationsprozeß in Europa selbst zu Veränderungen führen mußte. Die wirtschaftlichen und sozialen Auswirkungen der Entdeckung Amerikas auf Europa waren unklar und ungewiß, doch ihr Zusammenhang mit den politischen Konsequenzen war so eng, daß jeder Versuch, das eine vom anderen zu trennen, künstlich und irreführend wäre. Aber gerade die Ungewißheit erklärt vielleicht, weshalb eine derartige Trennung, die übrigens in der europäischen Historiographie durchaus Tradition hatte, noch eine Zeitlang andauerte, obwohl man im Grunde keine klare Trennlinie ziehen kann und darf.

Es gibt übrigens eine eigenständige Richtung in der Geschichtswissenschaft, die die wirtschaftliche Entwicklung des modernen Europa aus den Eroberungen in Übersee zu erklären und zu interpretieren sucht. Andererseits liefert uns erst das achtzehnte Jahrhundert die ersten verallgemeinernden Ausführungen zu einer »amerikanischen« Interpretation der modernen europäischen Geschichte. Abbé Raynal behauptete, die Entdeckung der Neuen Welt und eines Seewegs nach Indien über das Kap der Guten Hoffnung habe »zu einer Revolution des Handels und der Macht der Nationen, sowie der Sitten, der Industrie und der Regierung in der ganzen Welt geführt. Die fernsten Regionen gingen in dieser Periode neue Verbindungen ein, um bis dahin ungekannte Mängel abzudecken.«[142] Vermutlich mit Bezug auf diese Äußerung Raynals erklärt Adam Smith, wenn es gelänge, die entferntesten Teile der Welt gewissermaßen miteinander zu vereinen, sie dazu zu befähigen, daß sie sich gegenseitig ihre Not lindern, ihr Glück vermehren und ihre Industrie ankurbeln, dann müßte ihre allgemeine Entwicklung positiv verlaufen. Weder Smith noch Raynal waren in der Lage, die langfristigen Konsequenzen der Entdeckung der Neuen Welt für die gesamte Menschheit abzusehen; in Hinblick auf Europa aber war eine der wichtigsten Auswirkungen, »das Merkantilsystem auf eine Stufe von Glanz und Herrlichkeit zu heben, die es sonst niemals hätte erklimmen können. ... Anstatt nur für einen sehr kleinen Teil der Welt ... Manufakturwaren herzustellen und zu verfrachten, sind die Handelsstädte Europas infolge jener Entdeckungen jetzt zu den Manufakturunternehmern für die zahlreichen und begüterten Ansiedler Amerikas geworden sowie deren Frachtunternehmer, ja in gewisser Beziehung auch die Manufakturunternehmer für fast sämtliche Nationen Asiens, Afrikas und Amerikas.«[143]

Ungefähr siebzig Jahre später fand die kühl abschätzende Bestandsaufnahme von Smith und Raynal in einer recht apokalyptischen Vision vom Gang der Menschheitsgeschichte, dem *Kommunistischen Manifest,* ihren Niederschlag: »Die Entdeckung Amerikas, die Umschiffung Amerikas schufen der aufkommenden Bourgeoisie ein neues Terrain. Der ostindische und chinesische Markt, die Kolonialisierung von Amerika, der Austausch mit den Kolonien, die Vermehrung der Tauschmittel und der Waren überhaupt gaben dem Handel, der Schiffahrt, der Industrie einen nie gekannten Aufschwung und damit dem revolutionären Element in der zerfallenden feudalen Gesellschaft eine rasche Entwicklung.«[144]

Hier haben wir nun eine Deutung der Geschichte des modernen Europa, in der die Entdeckung und Ausbeutung Amerikas ganz entscheidenden Anteil am Wandel der ökonomischen und gesellschaftlichen Verhältnisse hat. Zwischen der Entdeckung Amerikas und dem Aufstieg des Kapitalismus in Europa besteht demnach eine enge Verbindung, und die Neue Welt verändert Schritt für Schritt das Wirtschaftsleben der Alten Welt. Diese Theorie, deren Schutzpatrone Adam Smith und Karl Marx waren, durfte in der Welt des zwanzigsten Jahrhunderts durchaus auf wohlwollendes Interesse hoffen. Professor Earl J. Hamilton hat sie in seinem vorzüglichen Aufsatz *American Treasure and the Rise of Capitalism* auf moderne Begriffe gebracht.[145] Hamilton untersucht verschiedene Faktoren, die den Aufstieg des Kapitalismus im sechzehnten Jahrhundert gefördert haben – die Entstehung von Nationalstaaten, die Erfordernisse des Krieges, das Aufkommen des Protestantismus –, und stellt abschließend fest, die Entdeckung Amerikas habe der Herausbildung des Kapitalismus in Europa den entscheidenden Impuls gegeben. Durch sie sei das Wachstum der europäischen Industrien beschleunigt worden, die im Austausch für die amerikanischen Rohstoffe Waren in die Neuen Länder liefern mußten; durch sie sei Europa zu dem Silber gelangt, das es für seinen Handel mit dem Osten benötigte, der den Beteiligten gewaltige Profite einbrachte und so wesentlich zur Herausbildung des Kapitals beitrug; und schließlich habe die Entdeckung Amerikas zu einer Preisrevolution in Europa geführt, die wiederum die Akkumulation des Kapitals begünstigt habe, da die Löhne hinter den Preisen zurückgeblieben seien.

Hamiltons Aufsatz steht im Kontext einer großen Diskussion über den Aufstieg des Kapitalismus, die belegt, daß die Frage nach den Ursachen der Vorherrschaft Europas in der Welt noch immer nicht restlos geklärt ist. Wie kam es, daß Europa zum Ausgang des Mittelalters diesen einzigartigen geschichtlichen Kurs einschlagen und sich zu einer Zivilisation entwickeln konnte, deren wesentliche Ziele Wirtschaftswachstum, technischer Fortschritt und weltweite Expansion sind? Liegt die Antwort im Wesen Europas begründet, in bestimmten Eigenschaften, die die europäische Zivilisation bei ihrem Eintritt in die frühe Neuzeit hervorgebracht hat? Besonders gern werden hier die Reformation und jenes reichlich vage Phänomen genannt, das als der »Individualismus der Renaissance« durch die europäische Historiographie geistert. Es könnte aber auch sein, daß die Antwort mehr oder minder außerhalb Europas liegt, daß eine äußere Kraft Europa auf den Weg zum Erfolg gebracht und ihm immer dann, wenn es weiche Knie bekam, Halt gegeben hat. Dafür käme am ehesten Amerika in Frage.

Hamilton macht primär die äußeren Ursachen verantwortlich. In seinen späteren Arbeiten grenzt er die Thematik seines Aufsatzes von 1929 weiter ein und konzentriert sich ausschließlich auf einen speziellen Aspekt der Rolle, die Amerika für das Wachsen des europäischen Kapitalismus spielte – seine Funktion als Lieferant von Gold und Silber. Diese monetaristische Erklärung des wirtschaftlichen Erstarkens Europas wird in letzter Zeit hart kritisiert, ist aber keineswegs vom Tisch, und falls sie es war, so hat sie Pierre Chaunu mit Erfolg wieder hervorgeholt und aufgefrischt. Chaunu ließ es nicht bei den Gold- und Silberlieferungen bewenden, er untersuchte in diesem Zusammenhang die Rolle des gesamten Transatlantikhandels und verhalf so der amerikanischen Begründung für die wirtschaftliche Expansion Europas zu neuer Beachtung.[146]

Hamilton und Chaunu befaßten sich vorwiegend mit der technischen Seite des Beitrags Amerikas zur wirtschaftlichen Entwicklung in Europa; ihr Interesse galt primär den Preis- und Handelsstatistiken. Die Autoren des achtzehnten Jahrhunderts hatten es demgegenüber vorgezogen, sich über den allgemeinen Einfluß Amerikas auf Moral, Regierung und Meinungsbildung in Europa zu verbreiten – ein Ansatz, der auch in unserem Jahrhundert seine Befürworter findet. So beschäftigt sich beispielsweise H. M. Robertson in einem Kapitel seines Buches *Aspects of the Rise of Economic Individualism* mit den Auswirkungen der Entdeckungen. Er erklärt, diese seien nicht allein für die rein materielle Sphäre von Bedeutung gewesen, vielmehr habe die nachfolgende Ausdehnung des Handels zwangsläufig auch zu einer Ausdehnung des Denkens geführt. Robertsons Argumentation läuft im wesentlichen darauf hinaus, daß die Entdeckungen wachsende Möglichkeiten mit sich gebracht und die Erweiterung des wirtschaftlichen Horizonts zugleich einen Wandel in den Geschäftsmethoden bewirkt habe; dank dieser neuen Möglichkeiten habe sich eine Unternehmerklasse herausgebildet, die dem Geist des Kapitalismus und des ökonomischen Individualismus verpflichtet gewesen sei, wodurch es zu einer Aufweichung der traditionellen Gesellschaft gekommen sei.[147]

Robertsons Argumentation ist indes nur Teil einer weitaus umfassenderen Kritik der Theorie vom Zusammenhang der Entwicklung des Kapitalismus mit dem Aufkommen des Protestantismus. Dem texanischen Historiker Walter Prescott Webb blieb es vorbehalten, die Neue Welt in den

Vordergrund zu rücken. Seine Überlegungen gehen weit über die rein »materiellen« Konsequenzen der Entdeckung Amerikas hinaus und geben eine ausführliche Interpretation der modernen Geschichte unter dem Blickwinkel der Neuen Welt und ihres Einflusses auf Europa.

Diese »amerikanische« Interpretation der Geschichte Europas, die Webb in seinem Buch *The Great Frontier*[148] liefert, ist zugegebenermaßen ausführlich, nicht aber umfassend. So erweist der Autor en passant der Renaissance und Luther, seltsamerweise aber nicht Calvin, seine Reverenz. Die Renaissance wird als Befreiung des Geistes, Luther als Befreier der Seele der Europäer dargestellt. Wenigstens bis zu diesem Punkt akzeptierte Webb also die Hypothese, der zufolge bestimmte Entwicklungen innerhalb der europäischen Zivilisation die Voraussetzungen für die neue Geschichtsepoche schufen. Kolumbus aber, so führt er weiter aus, habe »den Körper befreit, denn er gab diesen drei Freiheiten einen Inhalt und einen Rahmen«.[149] Indem Webb Kolumbus mit Luther in Verbindung bringt, wiederholt er – wissentlich oder unwissentlich – eine Behauptung, die wir schon bei Abbé Raynal finden: »Luther und Kolumbus kamen; das ganze Universum erzitterte, und ganz Europa war in Bewegung . . . Der eine rüttelte die Menschheit geistig wach, der andere brachte sie zum Handeln.«[150] Doch Webb ging sehr viel weiter als alle, die vor ihm gekommen waren: Für ihn war Kolumbus der eigentliche Ausgangspunkt für die Entwicklung Europas. Zur Begründung dieser Auffassung wandte er die ursprünglich von Frederick Jackson Turner zur Erklärung des Verlaufs der amerikanischen Geschichte aufgestellte »Neuland«-These auf die europäische Geschichte an.

Webb zufolge ist Europa die Metropole und Amerika das Neuland an ihrer Grenze. Mit der Erschließung dieses Neulands durch Kolumbus hätten sich für Europa neue Aussichten eröffnet, denn sie habe das Verhältnis zwischen den drei Faktoren Bevölkerung, Grund und Boden und Kapital entscheidend verändert und so die Bedingungen für den Aufschwung geschaffen. Im Jahre 1500 lebten in Europa etwas über einhundert Millionen Einwohner auf einer Fläche von 9 712 500 Quadratkilometern, was einer Bevölkerungsdichte von 10,3 Personen je Quadratkilometer entsprach. Durch die Entdeckung Amerikas, die Erschließung des Neulands also, gelangten diese einhundert Millionen Menschen in den Besitz weiterer rund 52 000 000 Quadratkilometer und kamen damit zugleich in den Genuß all der Folgen, die sich aus einer eklatanten Verringerung der Bevölkerungsdichte ergeben können. Die Ausbeutung der Neuen Welt verhalf der vergleichsweise stabilen Bevölkerung Europas zu einem plötzlichen Zuwachs an Land und Kapital; und die enorme Verschiebung des Verhältnisses von Land, Menschen und Kapital bescherte Europa vier Jahrhunderte des Aufschwungs, der erst mit der Abgrenzung Amerikas um 1900 zum Stillstand kam.

Deshalb ist für Webb die Zeit von 1500 bis 1900 eine Periode, die in der Geschichte beispiellos ist – die Periode, in der das Neuland Amerika Gestalt annimmt und die westliche Zivilisation verwandelt. Mit dem Mut (und dem Hang zur Vereinfachung) des typischen Texaners geht Webb daran, zu untersuchen, wie das Neuland Amerika Europas Institutionen, seine Wirtschaft und sein Denken verändert hat. Das war ein gigantisches Unternehmen, das sehr viel mehr Wissen über die europäische Geschichte verlangte, als Webb besaß. So geriet er zwangsläufig in die Schußlinie und handelte sich an zahlreichen Fronten Kritik ein. Trotzdem ist und bleibt sein Buch der erste ernsthafte Versuch seit dem achtzehnten Jahrhundert, die europäische Geschichte aus der Perspektive des Einflusses Amerikas zu bewerten. Und deshalb dürfen wir es für seine Kühnheit getrost zweimal hochleben lassen, auch wenn wir ihm das dritte Hoch, das für den Erfolg, leider versagen müssen.[151]

Was den wirtschaftlichen Einfluß Amerikas angeht, so trat Webb in dieser Frage in die Fußstapfen von Adam Smith und Hamilton, bediente sich aber dabei der Terminologie der »Neuland«-Theorie, indem er den materiellen Nutzen, den die Europäer von Amerika hatten, als »Fallobst« bezeichnete. Das wichtigste Fallobst waren demnach die amerikanischen Naturschätze und Edelmetalle, die dem europäischen Kapitalismus im sechzehnten und siebzehnten Jahrhundert einen unmittelbaren Schub gaben; der zweitwichtigste Faktor war die langfristige Erschließung der amerikanischen Ressourcen, die diesen Kapitalismus während des achtzehnten und neunzehnten Jahrhunderts stützen half. Aber Webb beschäftigte sich auch mit dem nichtmateriellen Nutzen, der bei H. M. Robertson ein wenig zu kurz gekommen war. Er bringt diesen nichtmateriellen Nutzen auf den Begriff »moderne Dynamik« und leitet deren Entstehung aus der Grenzsituation der europäischen Geschichte seit Kolumbus ab.

Webbs *Great Frontier* gibt einen ausführlichen und in mancher Beziehung etwas seltsamen Überblick über die Mehrzahl der überlieferten Auffassungen zur Frage des ökonomischen Einflusses Amerikas. Sehen wir uns diese Auffassungen näher an, so stellen wir fest, daß sie im Grunde durchweg Variationen zu den drei immer wiederkehrenden Themen stimulierende Wirkung von Gold und Silber, Handel und Möglichkeiten sind. Es lohnt sich deshalb, diese drei Faktoren noch einmal gesondert zu untersuchen, um zu sehen, inwieweit das, was wir über sie wissen, die Interpretationen tragen kann, mit denen sie befrachtet sind.

»Wie sehr doch diese Indien das reichste Imperium auf dieser Welt sind«, schreibt Fernándes de Oviedo in einem seiner gelegentlichen Anfälle von lyrischem Entzücken über den Reichtum der neuentdeckten Gebiete.[152] Dieser Reichtum beschränkte sich keineswegs nur auf Edelmetalle. Europa bekam im sechzehnten Jahrhundert aus Amerika beträchtliche Mengen Perlen und Smaragde, aber auch praktischere Dinge wie Nahrungsmittel und Farbstoffe – wertvolles »Fallobst«, um es mit Webb zu sagen, das Europas Speicher mit Produkten füllte, die dort entweder unbekannt oder in zu geringer Menge vorhanden waren. Aber natürlich interessierten sich die Europäer des sechzehnten Jahrhunderts am meisten für das Gold und Silber aus der Neuen Welt. »Diese Länder bringen weder Brot noch Wein hervor«, schreibt Pérez de Oliva um 1520, »doch sie bringen riesige Mengen an Gold hervor, und Gold bedeutet Herrschaft.«[153]

Gold war Macht. Das hatte man in Kastilien schon immer so gesehen[154], und als auf den Westindischen Inseln Gold entdeckt wurde, ging für die Kastilier ein alter Traum in Erfüllung. Doch das Gold und mehr noch das Silber, das man dort fand, ließ nicht nur Träume wahr werden, es wurde in Europa auch dringend gebraucht. Das mittelalterliche Europa existierte schließlich nicht in einem monetären Vakuum. Ganz im Gegenteil; seine Gold- und Silberreserven wuchsen und verringerten sich im Zusammenhang mit globalen Bewegungen, auf die es kaum Einfluß nehmen konnte. So wurden beispielsweise in der muslimischen Welt zwischen dem Jahre 1000 und der Mitte des dreizehnten Jahrhunderts Münzen aus Gold geprägt, wohingegen man in der christlichen Welt mit Silbermünzen zahlte, und als der Silbermangel im Orient im späten Mittelalter weitgehend behoben war und man die Goldwährungen dort nach und nach wieder mit Silber ersetzte, begann Europa große Mengen an Goldmünzen zu prägen, weil seine Silbervorräte zur Neige gingen. Europa verfügte in dieser hochkomplizierten Wechselbeziehung mit Asien im späten fünfzehnten Jahrhundert offenbar über recht ordentliche Goldreserven, wohingegen besonders in den Mittelmeerländern ein akuter Mangel an Silber bestand.[155]

Man muß den Zufluß von Gold und Silber, der aus Amerika nach Europa strömte, in diesem globalen Zusammenhang sehen, führte doch die Tatsache, daß Europa und Asien in unterschiedlichem Maße mit Gold und Silber ausgestattet waren, dazu, daß beide Metalle in großem Umfang in die jeweils andere Richtung flossen. Zwischen 1500 und 1650 gelangten nach offiziellen Angaben an die 181 Tonnen Gold und 16 000 Tonnen Silber aus Amerika nach Europa[156], und darüber hinaus kamen mit Sicherheit große Mengen durch Schmuggler ins Land. Alle Versuche, diese Zahlen zu den Angaben über die in Europa vorhandenen Edelmetallreserven ins Verhältnis zu setzen, sind mehr oder weniger gescheitert, aber man darf wohl annehmen, daß der Zustrom so enormer Mengen an Edelmetallen sich nicht nur erheblich auf das Währungssystem, sondern auch auf die wirtschaftlichen Beziehungen Europas zur übrigen Welt auswirkte.

Die ersten Edelmetallieferungen aus Amerika bestanden ausschließlich in Gold, und erst in den zehn Jahren von 1531 bis 1540 erlangte das Silber seine starke Vorherrschaft.[157] So kam also in den ersten drei Jahrzehnten des sechzehnten Jahrhunderts vorzugsweise Gold in das damit ohnehin schon relativ gut versehene Europa; auf der Strecke blieb dabei das Gold aus der Sahara, das im späten Mittelalter dazu beigetragen hatte, die europäische Wirtschaft in Gang zu halten.[158] Erst in der zweiten Hälfte des sechzehnten Jahrhunderts, als die amerikanischen Erträge über denen der Tiroler

Minen lagen, begann das Silber aus der Neuen Welt Europas uralten Silberhunger zu stillen. Da es plötzlich Silber gab, schnellte zum einen der Goldpreis im Verhältnis zum Silberpreis in die Höhe, so daß der Gold-Silber-Kurs zu Anfang des siebzehnten Jahrhunderts über dem Verhältnis eins zu zwölf lag.[159] Zum anderen waren die Europäer dadurch in der Lage, größere Mengen von fernöstlichen Luxusgütern zu kaufen, die Asien nur gegen Silber abgab. Leider können wir beim besten Willen nicht mit Bestimmtheit sagen, wie hoch der Anteil an amerikanischem Silber war, der in der großen Silberära des sechzehnten Jahrhunderts aus Europa nach Asien abfloß. Im siebzehnten Jahrhundert gab es eine Phase, in der Asien regelrecht mit Silber aus den amerikanischen Minen überschwemmt war.[160] Bis dahin aber hatte das »Fallobst« des amerikanischen Silbers den Europäern die Möglichkeit gegeben, orientalische Waren zu kaufen, die sie sich sonst nicht hätten leisten können. Nutznießer dieser Entwicklung waren die europäischen Oberschichten mit ihrem Verlangen nach exotischen Luxusgegenständen und die Kaufleute, die ihnen das Gewünschte heranschafften.

Wenn Gold und Silber aus der Neuen Welt also zu einem Wandel in den Wirtschaftsbeziehungen zwischen Europa und Asien beitrugen, dann erhebt sich die Frage, inwieweit sie auch ökonomische und gesellschaftliche Veränderungen innerhalb Europas bewirken konnten. Im allgemeinen wird behauptet, der Zustrom von Silber aus Amerika habe zu einer Preisrevolution geführt, die in Spanien ihren Anfang nahm und nach und nach auf andere Teile des Kontinents übergriff. Diese Preisrevolution habe die Profite der Kaufleute und Manufakturbesitzer in die Höhe getrieben, da die Preise den Kosten und Löhnen davongelaufen seien. Das wiederum habe die Entstehung von Kapital und das industrielle Wachstum gefördert, und die Inflation habe schließlich rasche soziale Veränderungen mit sich gebracht, weil einflußreiche Kreise der Gesellschaft, die von relativ stabilen Einkünften lebten, sich gegenüber denjenigen sozialen Gruppen benachteiligt sahen, die dynamisch oder gutsituiert genug waren, um die sich ihnen durch den Preisanstieg bietenden Möglichkeiten zu nutzen.

Diese These wirft eine Reihe komplizierter Fragen auf, die offenbar bis heute noch nicht zufriedenstellend beantwortet werden können. Es sei dahingestellt, ob die Geschichte der europäischen Finanzentwicklung im sechzehnten Jahrhundert einen so emotionalen Begriff wie »Preisrevolution« rechtfertigt oder nicht, fest steht, daß eine Gesellschaft, die bis dahin vergleichsweise stabile Preise gewohnt war, im Verlauf des siebzehnten Jahrhunderts einen Anstieg der Preise um das Fünffache hinnehmen mußte, was natürlich große Beunruhigung und Besorgnis hervorrief. Die Zeitgenossen fingen an, nach den Ursachen zu suchen, und kamen darauf, daß all das irgendwie mit dem Silber aus Amerika zu tun haben müsse. Das entsprach voll und ganz dem fest etablierten scholastischen Denkmodell, wonach das Preisniveau an die Knappheit oder den Überfluß an Edelmetallen gekoppelt war.[161] Ein Denken, das die Erfahrungen der Eroberer und Kolonisten in der Neuen Welt durchaus bestätigt hatten. López de Gómara, dem aufgrund einer Bemerkung in seinen unveröffentlichten *Annalen Kaiser Karls V*[162] verschiedentlich bescheinigt wird, daß er schon sehr früh den Zusammenhang zwischen amerikanischem Silber und spanischem Preisniveau erkannt habe, schreibt in seiner gedruckt erschienenen *Historia General de las Indias*, infolge der Verteilung der Schätze des Atahualpa unter die Eroberer in Peru habe sich »der Preis der Dinge mit der Menge des vorhandenen Geldes verteuert«.[163] Berichte dieser Art, die von den Conquistadores selbst in Umlauf gebracht und in den Geschichtsbüchern über die Eroberungen nacherzählt wurden, trugen natürlich dazu bei, in Spanien und im Ausland die Vorstellung zu verbreiten, daß ein enger Zusammenhang zwischen der Menge des in Umlauf befindlichen Silbers und dem allgemeinen Niveau der Preise bestünde.

Bereits 1556, also zwölf Jahre vor Bodins berühmter Auslassung über die Ursachen des Preisanstiegs[164], hatte Martín de Azpilcueta Navarro von der Salamanca-Schule einen direkten Zusammenhang zwischen den hohen Lebenshaltungskosten in Spanien und dem Zustrom von Silber aus Amerika hergestellt.[165] Zwanzig Jahre war es her, daß Fernándes de Oviedo erklärt hatte, Spanien sei eines der reichsten Länder der Welt, und es sei Gottes Ratschluß, sein Heil mit den Reichtümern der Westindischen Inseln zu krönen.[166] Als Oviedo dies schrieb, hatte die kastilische Wirtschaft noch vom raschen Wachstum eines Marktes jenseits des Atlantiks profitiert. Zu der Zeit aber, in die Azpilcuetas Äußerung fällt, begann das wirtschaftliche Klima bereits umzuschlagen. Die Preise für kastilische Waren stiegen schneller als die für Erzeugnisse anderer Länder, und da Kastilien mehr aus dem Ausland importierte, als es nach dort exportierte, und dieses Minus mit amerikanischem Silber ausglich, verschlechterte sich die Bilanz des kastilischen Handels mit anderen Teilen Europas. Dieser allmähliche Wandel der ökonomischen Situation wurde von einer zunehmenden Desillusionierung bezüglich der Reichtümer Amerikas begleitet. Diese spiegelte sich zum einen in den sich häufenden Klagen der kastilischen Cortes über die steigenden Preise und zum anderen in einer wachsenden Flut von Schriften über die moralschädigenden Auswirkungen des Reichtums wider.[167] So war für Kastilien der Erfolg im Grunde der Anfang von seinem Ende. »Novus orbis victus vos vicit – die Neue Welt, die Ihr erobert habt, nun hat sie Euch erobert« –, schrieb Justus Lipsius 1603 an einen spanischen Freund.[168]

Aber wie kam es im einzelnen zu dieser Niederlage? War sie die Folge eines rein technischen Prozesses, nämlich der Überflutung Spaniens mit Edelmetallen, die dazu führte, daß die Preise dort im Vergleich zu anderen europäischen Ländern so enorm in die Höhe schnellten? Lag sie, wie die kastilischen Cortes um die Mitte des Jahrhunderts behaupteten, daran, daß allzu viele Waren aus einheimischer Produktion auf den amerikanischen Exportmarkt flossen, was zu Verknappungen und hohen Kosten im eigenen Land führte? Oder hatte sie im wesentlichen moralische und psychologische

Ursachen, wurde der Reichtum veruntreut, weil man zu leicht der Besitzgier erlegen war? Es gebe Menschen, schrieb Garcilaso de la Vega um 1612, die sagten, diese Flut an Reichtümern habe mehr Schaden als Nutzen gestiftet, »denn gemeinhin bringt der Wohlstand eher Laster als Tugend hervor, indem, wer ihn besitzt, zu Stolz, Ehrgeiz, Völlerei und Wollust neigt... Daraus folgt, daß die Reichtümer der Neuen Welt, wenn wir es recht besehen, die Menge der nützlichen Dinge wie Essen und Kleidung, die der Mensch zum Leben nötig hat, nicht erhöht, sondern einen Mangel an diesen bewirkt und die Menschen in ihrer Verstandeskraft wie an ihren Körpern, in Kleidung und Sitten weibisch gemacht hat und daß sie mit dem, was sie ehedem besaßen, glücklicher leben könnten und mehr gefürchtet wären von der übrigen Welt.«[169]

Zwischen den verschiedenen Versuchen zeitgenössischer Autoren, eine Erklärung für die veränderte Preisentwicklung zu finden, gab es durchaus gewisse Gemeinsamkeiten. Sie alle konnten sich mit ihren Argumenten auf seit langem anerkannte, traditionelle Auffassungen von Waren und Preisen sowie zu den sozialen und moralischen Folgen übermäßigen Reichtums stützen, und ihre Argumente ließen sich mehr oder weniger durchweg durch empirische Beobachtung bestätigen. Professor Hamilton indes wählte mit seiner Konzentration auf die erste, die rein monetaristische Erklärung, ein Thema, das angesichts der wirtschaftlichen Lage in den zwanziger und dreißiger Jahren unseres Jahrhunderts auf besonders großes Interesse stieß. Allerdings fiel es schon damals sehr schwer, eine ausschließlich monetaristische Erklärung der Preisbewegungen, ob in Spanien oder in Gesamteuropa, zu akzeptieren, und daran hat sich im Laufe der Zeit keineswegs etwas geändert. Unnötig, die mannigfachen Einwände, die gegen Hamiltons Erklärung des Preisanstiegs in Spanien ins Feld geführt worden sind, hier zu wiederholen.[170] Wir kommen jedoch nicht umhin, auf seine problematische zentrale Behauptung einzugehen, daß zwischen der Bewegung der Preise für spanische Waren und dem Eintreffen neuer Silberlieferungen in Sevilla ein enger Zusammenhang bestanden habe.

Was mit dem amerikanischen Silber geschah, wenn es in Sevilla ankam, ist heute noch fast genauso ungewiß wie zu der Zeit, als Hamilton sein Buch schrieb, aber gerade diese Frage steht im Mittelpunkt seiner Argumentation. Wieviel Silber gelangte tatsächlich in das spanische Finanzsystem? Im Verhältnis zu dem, was insgesamt aus Amerika einging, dürfte dieser Anteil wohl kaum konstant gewesen sein. Und sei es nur, daß die in andere Teile Europas abfließende Silbermenge entsprechend den jeweiligen außenpolitischen Aktivitäten der spanischen Krone und den wechselnden Möglichkeiten schwankte, die Spanien hatte, um seinen eigenen und den Warenbedarf des amerikanischen Marktes abzudecken, ohne auf ausländische Erzeugnisse zurückzugreifen, für die man – zumindest teilweise – mit Silber hätte zahlen müssen. Aus einer offiziellen Schätzung aus dem Jahre 1594 geht hervor, daß jährlich sechs von den im Jahresdurchschnitt zirka zehn Millionen Tonnen Dukaten, die von den Westindischen Inseln überwiesen wurden, aus Spanien abflossen – drei Millionen zur Einlösung von Zahlungsverpflichtungen der Krone an das Ausland, und drei Millionen an Privatpersonen. Also belief sich die Finanzspritze, die Spanien jedes Jahr erhielt, nicht auf zehn, sondern nur auf allerhöchstens vier Millionen Dukaten.[171]

Auch die Verteilung des in Spanien verbleibenden Edelmetalls, das wiederum auf die verschiedenen regionalen Wirtschaften aufgeteilt werden mußte, ist keineswegs geklärt. Allerdings gibt es für die Jahre 1570 und 1571 gesicherte Erkenntnisse darüber, wie dieses Edelmetall über die Halbinsel verteilt wurde. Zumindest in diesen zwei Jahren ging der größte Teil nach Valladolid; es folgten Sevilla und Cadiz und an vierter Stelle Madrid.[172] Was Valladolid so attraktiv machte, war vor allem seine Nähe zu den internationalen Messen von Medina del Campo, doch darüber hinaus war die Stadt ein wichtiges Zentrum der Silber- und Goldverarbeitung. Die Richter und Beamten bildeten zusammen mit den Adligen und Kaufleuten, die sich dort niedergelassen hatten, eine wohlhabende Patrizierklasse, und aus Erhebungen über den Reichtum ihrer Bürger ist zu ersehen, daß es in deren Häusern zahlreiche Gegenstände aus Silber und Gold gab.[173] Man darf wohl annehmen, daß ein womöglich erheblicher Teil der Barren, die auf die Halbinsel gelangten, nicht als Zahlungsmittel verwendet, sondern zu kunsthandwerklichen Gegenständen zum Ruhm Gottes und des Menschen verarbeitet wurden. Und hätte es denn die Kunst des Barock mit all ihrem Zierrat aus Gold und Silber ohne die Reichtümer der Westindischen Inseln in dieser Form überhaupt geben können?

Sobald wir Spanien verlassen und uns anderen Teilen Europas zuwenden, so müssen wir feststellen, daß es hier ähnlich schwierig ist, einen Zusammenhang zwischen dem Zustrom an Silber und der Preisbewegung herzustellen. Im großen und ganzen sind die verschiedenen Ursachen für das Abfließen des Silbers aus Spanien durchaus bekannt, und doch läßt sich der Prozeß nicht bis in alle Einzelheiten genau rekonstruieren. Staatsausgaben im Ausland für das Militär, für Botschaften und zur Unterstützung der Verbündeten, ein divergierendes Verhältnis zwischen der Gold- und der Silberwährung und eine negative Handelsbilanz, Schmuggel und die legale Ausfuhr von Hartgeld auf besondere Genehmigung, die ungefähr ab 1565 in beträchtlichem Umfang zugelassen wurde[174] – all das trug zur Verteilung der Reichtümer der Westindischen Inseln über den ganzen Kontinent bei.[175] Trotzdem ist es schwierig, eine klare Kausalitätsbeziehung zwischen den Bewegungen des amerikanischen Silbers und den Preiserhöhungen etwa in England oder Italien herzustellen.[176]

Wenn man also die Preisrevolution im sechzehnten Jahrhundert ausschließlich mit dem Einfluß des amerikanischen Silbers erklärt, dann bleiben offensichtlich ein paar ganz wesentliche Probleme offen. Es wäre interessant zu wissen, wie hoch der Anteil des Silbers war, der in das ferne Asien ging, und wieviel von dem in Europa verbleibenden Silber für nichtmonetäre Zwecke verwendet wurde. Vor allem aber wäre es interessant zu wissen, inwieweit man sowohl in Spanien als auch in Europa insgesamt das amerikanische Gold und Silber im Verhältnis zu anderen monetären Ursachen, wie etwa Veränderungen des Gold-Silber-Kurses, Abwertungen und inflationäre Finanzpolitik, sowie im Verhältnis zu »realen« Ursachen, wie Mißernten oder – heutzutage die beliebteste Erklärung – Druck seitens der Bevölkerung, für den Anstieg der Preise verantwortlich machte.

Es ist durchaus möglich, daß das amerikanische Silber in letzter Instanz dazu beitrug, die Preise insgesamt auf einem hohen Niveau zu halten, ohne jedoch der eigentliche Auslöser dieses Aufwärtstrends gewesen zu sein. Dennoch kommen wir nicht umhin, bestimmte Behauptungen hinsichtlich der *Folgen* der inflationären Bedingungen im sechzehnten Jahrhundert auf ihre Richtigkeit abzuklopfen. Hamilton meinte, der Kapitalismus habe sich durch die Kluft zwischen Löhnen und Preisen herausbilden können, und diese Kluft habe die Profite der Unternehmer in die Höhe schnellen lassen. Aber die Beweise für einen solchen Anstieg der Industrieprofite sind nach wie vor wenig überzeugend.[177] Dieses Argument ist indes nur ein Aspekt – und nicht einmal der wichtigste – der allgemeineren These, die die Entstehung des Kapitals und den Aufstieg der Bourgeoisie mit dem finanziellen Nutzen der Ausbeutung der Westindischen Inseln in Zusammenhang bringt. Natürlich waren mit unternehmerischem Geschick in Amerika gewaltige Profite zu erzielen. Beispielsweise soll Gaspar de Espinosa 1522 nach achtjährigem Aufenthalt in Panama mit dem enormen Vermögen von einer Million Gold*pesos* nach Spanien zurückgekehrt sein.[178] Doch was machten die Erfolgreichen mit den auf den Westindischen Inseln erzielten Gewinnen? Einen Teil des Geldes investierten sie wieder in kommerzielle oder finanzielle Unternehmungen im eigenen Land oder in Amerika; ein Teil wurde dazu benutzt, die Hofbürokratie zu schmieren; einen Teil verspielten sie. Ein großer Teil jedoch wurde mit Sicherheit dazu verwendet, das Ansehen der Kaufmannsfamilien aufzupolieren und diesen einen Lebensstil zu ermöglichen, der dem des Adels glich. Aus der Familienchronik der großen Espinosa-Dynastie im Spanien des sechzehnten Jahrhunderts geht zum Beispiel hervor, daß neunundsechzig ihrer Mitglieder Geschäftsleute waren. Vierundvierzig davon unterhielten Geschäftsbeziehungen mit den Westindischen Inseln.[179] Viele von ihnen ähnelten in Erscheinung und Verhalten Sombarts Darstellung des typischen Kapitalisten, und doch gewinnt man aus dieser Familienchronik im Grunde den Eindruck, daß die Espinosas sich Schritt für Schritt aus dem Geschäft zurückzogen, daß also aus Unternehmern betuchte *Rentiers* wurden.

Mag sein, daß eine derartige Entwicklung aus verschiedenen regional bedingten Gründen seinerzeit in Kastilien besonders häufig und besonders folgenreich war. Trotzdem war die, wie Braudel es ausdrückt, »trahison de la bourgeoisie« – der Verrat des Bürgertums[180] – ein Phänomen, das im

Europa des sechzehnten Jahrhunderts an Landesgrenzen nicht haltmachte; und es dürfte sich nur schwer beweisen lassen, daß die europäische Gesellschaft am Ende jenes Jahrhunderts im großen und ganzen etwa »bürgerlicher« gewesen wäre als an seinem Anfang. Steigende Preise und gewachsene Profitmöglichkeiten brachten eine Zuspitzung der in der europäischen Gesellschaft bereits bestehenden Ungleichheiten mit sich. Doch hat die Preisrevolution des sechzehnten Jahrhunderts das gesellschaftliche System als solches nicht verändert. Der Hochadel verschuldete sich tief, aber es war das Zeitalter der leichten Kredite, und nicht wenige Aristokraten lernten, unbeschwert mit ihren Schulden zu leben. Kaufleute, Geschäftsleute, Rechtsanwälte und königliche Beamte brachten es zu Reichtum, gründeten Familien und äfften die Lebensgewohnheiten des Adels nach. Mag sein, daß ihr aus erster oder zweiter Hand erworbenes amerikanisches Silber neuen Familien die Pforte zu den privilegierten Gesellschaftsschichten öffnete, doch nach erfolgtem Einlaß schloß sich die Tür wieder; an der gewohnten Lebensweise jener Schichten änderte sich dadurch nichts.

Es bestehen demnach berechtigte Zweifel daran, daß das amerikanische Silber die Hauptquelle des sich im sechzehnten Jahrhundert in Europa vollziehenden dynamischen Wandels war. Aber vielleicht haben wir einen geeigneteren Kandidaten – den Handel mit Amerika ganz allgemein. Europa hatte das Silber von den Westindischen Inseln bitter nötig, teils, um Waren aus dem Orient zu kaufen, teils, um die ständig wachsenden Bedürfnisse seiner eigenen Wirtschaft zu befriedigen. Dieser wirtschaftliche Aufschwung war allerdings bis zu einem gewissen Grade selbst eine unmittelbare Folge der Erschließung eines neuen und expandierenden amerikanischen Marktes, der nach und nach nicht nur eine immer größere Menge, sondern auch eine immer vielfältigere Palette europäischer Waren erwartete. Die Bedürfnisse Amerikas stimulierten also das Wachstum der europäischen Industrien vom Schiffbau bis hin zur Textilindustrie, so daß das europäische Wirtschaftswachstum im sechzehnten Jahrhundert eng an die Expansion des spanischen Überseehandels gebunden war.

Dies ist die zentrale Theorie des Ehepaars Chaunu, das eine ganze Flotte von Büchern auf das Meer der Geschichtswissenschaft hinausgesandt hat, die allesamt bis zum Sinken überladen sind mit Hypothesen, Statistiken und Fakten. Diesen beiden verdanken wir eine gigantische Liste mit den Namen und den Tonnagen von Schiffen, die über eineinhalb Jahrhunderte die Atlantikroute zwischen Sevilla und den Westindischen Inseln befuhren; mit peinlichster Akribie haben sie die tatsächlichen Mechanismen des Transatlantikhandels untersucht und ein Modell dieses Handels erarbeitet, das von dessen engem Zusammenhang mit den Preisbewegungen in Amsterdam und folglich auch mit den weiterreichenden Bewegungen der europäischen Wirtschaft ausgeht.[181]

Der allgemeine Charakter dieses Modells ist inzwischen bekannt. Die Jahre von 1504 bis 1540 werden als die erste große Epoche der europäischen

Expansion dargestellt, als die Epoche, in der das Neuland Amerika in Bewegung geriet, als die Epoche der Eroberung, der Kolonisierung und des ersten Zustroms von Gold und Silber, der zu einem Investitionsschub im eigenen Land führte. Ihr folgt eine zwölfjährige Ruhepause, in der die Eroberungen abgeschlossen sind und die systematische Ausbeutung der Ressourcen der Westindischen Inseln noch nicht voll in Gang gekommen ist. Nach 1562 jedoch verstärkt sich in den Kolonien die Nachfrage nach europäischen Erzeugnissen; es kommt zu einem raschen Anwachsen der Förderung von Silber, mit dem diese Waren bezahlt werden können, und Sevillas Handel weitet sich aus. Indem mehr Reichtum nach Sevilla fließt, stehen auch der spanischen Krone und den europäischen Unternehmern mehr Mittel zur Verfügung, gleichzeitig aber muß davon ein höherer Anteil für die Schiffe und die Schiffsfrachten des expandierenden Transatlantikhandels aufgewendet werden. So wurde beispielsweise um 1570 offenbar etwa die Hälfte der Summe, die jährlich in Form von Gold- und Silberbarren aus den Westindischen Inseln eintraf, für den Ankauf der Fracht verwendet, die die Flotten auf ihrer nächsten Fahrt über den Atlantik befördern sollten.[182] Anfang des siebzehnten Jahrhunderts ist schließlich eine Sättigung des Kolonialmarktes erreicht, der kaum noch europäische Waren aufnehmen kann; und ab zirka 1622 gehen im Zusammenhang mit der sinkenden Nachfrage in Amerika auch die in Sevilla eintreffenden Silbermengen zurück, so daß der Transatlantikhandel der Stadt sowohl an Wert als auch an Umfang beträchtlich schrumpft und Europa um die Mitte des siebzehnten Jahrhunderts in eine Phase der Depression eintritt.

Diese Erklärung der Schwankungen der europäischen Wirtschaftslage aus der Perspektive des Handels der Stadt Sevilla ist so elegant und einfach, daß die Theorie der Chaunus auf Anhieb sehr viel für sich hat. Ähnlich wie sich die wirtschaftliche Expansion des achtzehnten Jahrhunderts mit der Entwicklung der Kolonialreiche der nördlichen Nationen in einen Zusammenhang bringen läßt, so kann diese frühere Expansion im Europa des sechzehnten Jahrhunderts mit der Entwicklung des spanischen Kolonialreiches in Verbindung gebracht werden.[183] Zwischen diesen beiden großen Epochen der Expansion liegt die Depression des siebzehnten Jahrhunderts. Eine hübsche, ordentliche Argumentation, aber ordentliche Argumentationen sollten bei den Historikern stets eine gehörige Portion Mißtrauen erwecken, denn ihre Erkundungsstreifzüge durch die Vergangenheit müßten ihnen klar gemacht haben, daß es im Leben nun einmal nicht ordentlich zugeht. Die von den Chaunus verwendeten Dokumentationen werfen nicht nur gewisse Probleme hinsichtlich ihres Charakters und ihres Vollständigkeitsgrades auf; leider fehlen auch Informationen darüber, worin die Schiffsfrachten im einzelnen bestanden.[184] Aber vor allem bleibt die entscheidende Frage nach dem Rang, den der Transatlantikhandel verglichen mit anderen Branchen des europäischen Handels einnahm, unbeantwortet.

Was spricht eigentlich beispielsweise für die Annahme, daß die Schwankungen des spanischen Überseehandels die europäische Wirtschaft stärker beeinflußt haben als die Schwankungen des Ostseehandels, der den Sevillas dem Volumen nach überstieg?[185] Falls diese Annahme zutreffend ist, dann vermutlich deshalb, weil der Transatlantikhandel Europa mit größeren Mengen an Edelmetallen versorgte. Das brächte uns abermals auf eine im wesentlichen monetaristische Interpretation der wirtschaftlichen Expansion Europas zurück, die das Wachstum und die Stagnation der europäischen Wirtschaft aus den Erträgen des amerikanischen Erzbergbaus sowie aus dem Umfang der aus Amerika nach Europa gelangenden Gold- und Silberlieferungen erklärt.

Man kann natürlich leicht behaupten, die Depression, die Europa im siebzehnten Jahrhundert erlebte (falls es sie tatsächlich gab), sei durch eine plötzliche Veränderung der Verhältnisse jenseits des Atlantiks verursacht gewesen. Diese Veränderung könnte wiederum eine Folge der wachsenden wirtschaftlichen Unabhängigkeit Spanisch-Indiens gewesen sein, produzierten doch die Kolonisten unterdessen viele Waren selbst, die sie bis dahin aus Europa importiert hatten. Dies hätte dann zu einem Rückgang des Überseehandels der Stadt Sevilla und mithin zu einer Verringerung der Silbermengen geführt, die zur Bezahlung der Importe nach Europa überwiesen wurden. Eine andere Möglichkeit wäre, daß das amerikanische Silber infolge der veränderten Bedürfnisse der Westindischen Inseln anders eingesetzt wurde. Die Gouverneure könnten zum Beispiel einen größeren Teil davon für administrative und militärische Zwecke einbehalten haben, und vielleicht wanderte auch mehr Silber auf direktem Wege über den Stillen Ozean nach Asien, weil die Kolonisten Gefallen an orientalischen Luxusgütern gefunden hatten. Auch die Möglichkeit, daß wachsende Schwierigkeiten des mexikanischen und peruanischen Bergbaus für die Abnahme der Silbermengen, die aus Amerika nach Europa kamen, verantwortlich waren, hat einiges für sich. Nach einer gewissen Zeit waren die leichter auszubeutenden Silberminen erschöpft, und der Abbau des Metalls gestaltete sich technisch zunehmend komplizierter. Auch die Erzeugung und Lieferung von Quecksilber, das für die Veredelung des Silbers unerläßlich war, wurde immer problematischer. Vor allem aber war ein dramatischer Rückgang der eingeborenen indianischen Bevölkerung und mithin ein Rückgang an Arbeitskräften zu verzeichnen, der die traditionelle Grundlage der spanischen Kolonialwirtschaft unterminierte.

Diese verschiedenen Möglichkeiten schließen einander keineswegs aus. Zusammengenommen ergeben sie vielmehr ein komplexes Bild von den auf den Westindischen Inseln herrschenden Bedingungen, das überzeugender ist als alle Erklärungen, die den Umschwung auf eine einzige Ursache zurückführen. Doch selbst wenn wir einräumen, daß sich in Mexiko und Peru zwischen dem Ende des sechzehnten und der Mitte des siebzehnten Jahrhunderts tiefgreifende Veränderungen vollzogen – Veränderungen, die dazu führten, daß beide Länder, aus welchem Grund auch immer, unabhängiger von ihrer europäischen Nabelschnur wurden –, bleibt doch die Frage, inwieweit der Wandel, der auf den Westindischen Inseln vonstatten ging, für die Schwierigkeiten Europas verantwortlich zu machen ist.[186]

Zum Beispiel könnte man genausogut ein ganz anderes und vielleicht ebenso plausibles Modell der damaligen Beziehungen zwischen Europa und Amerika konstruieren, ein Modell, das den veränderten Bedürfnissen und Bedingungen nicht auf den Westindischen Inseln, sondern in Europa den Vorrang gibt. Ein solches Alternativmodell müßte sich primär auf die Finanzpolitik der spanischen Krone konzentrieren, was übrigens auch Chaunu tut. Um ihre Armeen und ihre gewaltigen Militärausgaben finanzieren zu können, ging die Krone immer öfter dazu über, in Sevilla eintreffende Silberlieferungen zugunsten von Privatpersonen zu konfiszieren. Diese wiederholten Beschlagnahmen mußten den Handel der Stadt zwangsläufig enorm verunsichern und die europäischen Kaufleute davon abhalten, Waren nach Sevilla zu schicken, wie sie andererseits deren Agenten auf den Westindischen Inseln davon abhielten, Silber nach Europa zu überweisen.

Und schließlich ließen sich auch noch das gesamte Geldwesen und der allgemeine Zustand der europäischen Wirtschaft im siebzehnten Jahrhundert als Erklärungen heranziehen. Könnte es nicht sein, daß Europa im siebzehnten Jahrhundert einfach weniger Silber benötigte als noch im sechzehnten? Bei näherer Betrachtung der Geschichte der Silberminen von Zacatecas zeigt sich, daß man den amerikanischen Silberbergbau im siebzehnten Jahrhundert im Zusammenhang mit der europäischen Wirtschaft sehen muß, die sich in jener Periode dadurch auszeichnete, daß das Silber im Vergleich zum Gold an Wert verlor.[187] Nun, da es an Gold mangelte und Silber weniger rar war, waren die Europäer selbstverständlich nicht bereit, für ihr Silber hohe Preise zu zahlen. Das blieb natürlich nicht ohne Folgen für die Bergwerksgesellschaften in der Neuen Welt. So kann es durchaus sein, daß ein Rückgang der europäischen Nachfrage nach Silber zu einträglichen Preisen zu einem Rückgang der Fördermengen in den amerikanischen Minen führte. Doch ist nicht gesagt, daß diese geringere Nachfrage ausschließlich mit Veränderungen im Verhältnis von Gold zu Silber zusammenhängt. Sie könnte ebensogut damit zu tun haben, daß die europäische Wirtschaft inzwischen mehr und günstigere Möglichkeiten hatte, Kredite zu bekommen. Oder damit, daß nach den fieberhaften Aktivitäten des sechzehnten Jahrhunderts eine allgemeine Verlangsamung des europäischen Wirtschaftswachstums einsetzte, was wiederum mit einer ganzen Reihe von Faktoren zu erklären wäre, etwa mit Mißernten, mit den Verheerungen des Krieges, mit dem Ende des großen Bevölkerungszuwachses.

Nach diesem Modell wären also wiederum in erster Linie innereuropäische Bedingungen für die wirtschaftlichen und gesellschaftlichen Veränderungen verantwortlich. Doch wenn wir bedenken, daß der gesamte europäische Finanzapparat damit stand und fiel, daß die Silberschiffe sicher und termingerecht in Sevilla eintrafen, ist auch diese Erklärung nicht restlos befriedigend. Verzögerte sich ihr Eintreffen, so breiteten sich in Europas Königshäusern und Kontoren Angst und Schrecken aus, und die internationale Finanzwelt atmete auf, sobald die Nachricht kam, daß die Galeonen in San Lúcar vor Anker gingen. Nachdem sich im sechzehnten Jahrhundert eine enge wechselseitige Beziehung zwischen der Alten und der Neuen Welt entwickelt hatte, konnte im siebzehnten freilich keine von beiden mehr für sich allein existieren. Beide mußten einander zwangsläufig beeinflussen und aufeinander reagieren. In den ersten Jahrzehnten des siebzehnten Jahrhunderts scheint sich diese Wechselbeziehung allerdings entscheidend verändert zu haben. Jetzt benötigte keine mehr die Dinge, die die andere zu bieten hatte, so dringend wie vorher. Auf den Westindischen Inseln sank die Nachfrage nach europäischen Waren, in Europa die nach amerikanischem Silber. Die Folge war, daß die Ökonomien der Alten und der Neuen Welt einander nicht mehr so perfekt ergänzten, wie es in früheren Zeiten der Fall gewesen war; und wenn nun beide in Schwierigkeiten gerieten, waren sie nicht mehr in der Lage, einander bei der Lösung ihrer jeweiligen Probleme zu unterstützen.

Das zeigt, daß die Beziehungen zwischen Europa und Amerika mit dem Verweis auf das Silber und den Handel nicht ausreichend definiert sind. Vieles hing auch davon ab, wie die vorhandenen Möglichkeiten genutzt wurden. Wenn die Ausbeutung der Ressourcen der Neuen Welt im sechzehnten Jahrhundert die europäische Wirtschaft stimuliert hat, dann weist das nicht nur auf ein glückliches Zusammentreffen günstiger Umstände hin, sondern auch darauf, daß es Menschen gab, die die Bereitschaft, die Initiative und die Fähigkeit hatten, das beste aus diesen Umständen zu machen. Und hier können wir nun vielleicht zurückkommen auf Webbs »Neuland«-These, denn dieses Neuland zeichnete sich vor allem dadurch aus, daß es »ein grenzenloses Feld für Unternehmergeist und Investitionen bot«.[188] Heißt das nun, daß die Entdeckung der Neuen Welt den Menschen neue wirtschaftliche Möglichkeiten bewußtmachte, die ihrerseits Veränderungen in Gang brachten?

Eine der frühesten und unmißverständlichsten Würdigungen der neuen wirtschaftlichen Möglichkeiten, die sich aus der Entdeckung Amerikas ergaben, findet sich in einer Denkschrift des Humanisten Hernando Pérez de Oliva, die dieser 1524 an die Stadtältesten von Córdoba richtete.[189] Er warf ihnen darin vor, den Fluß Guadalquivir zu vernachlässigen, der die Stadt mit dem Meer verband. Heute, erklärte er, sei es noch wichtiger als in der Vergangenheit, die Schiffahrt auf dieser großen Wasserstraße zu verbessern, »denn früher waren wir das Ende der Welt, und heute sind wir ihre Mitte, wodurch sich unsere Möglichkeiten in bisher ungeahnter Weise gewandelt haben«. Als überzeugter Anhänger der These von der Westwärtsbewegung der Reiche glaubte Pérez de Oliva, die Weltmacht werde sich in Spanien endgültig niederlassen. »Wohlan, Ihr Herren, so zieht denn Gewinn aus dem großen Glück, das nun über Spanien kommt. Macht Euern Fluß schiffbar, so werdet Ihr Euch einen Weg erschließen, durch den Ihr an diesem Glück teilhaben und Euern Familien zu großem Wohlstand verhelfen könnt.« Dann kämen die Vorteile nicht mehr der alten Rivalin Sevilla zugute, sondern Córdoba wäre die Stadt, von der aus die Bewohner der Westindischen Inseln mit den benötigten Waren beliefert würden, und die sich dafür mit Gold von den Westindischen Inseln bezahlen ließe. »Von diesen Inseln im Westen werden so viele mit Reichtümern beladene Schiffe kommen, und so viele werden zu ihnen hinsegeln, daß ich glaube, sie werden den Wassern des Meeres eine bleibende Spur einprägen.«

Pérez de Oliva besaß die vielleicht nicht alltägliche Gabe, im voraus die neuen und großen Möglichkeiten zu erkennen, die die Entdeckung Amerikas in sich barg. Vor seinem geistigen Auge sah er bereits imposante Neubauten in Córdoba in die Höhe schießen – eine Universität, ein Kanzleramt, eine Handelsbörse, eine Münze. Leider vermochten die Stadtväter von Córdoba den Visionen des Propheten, den sie in ihrer Mitte hatten, nicht zu folgen. Wohingegen es anderswo, besonders in Sevilla, Menschen gab, die das Neue nicht nur am Horizont heraufziehen sahen, sondern auch bereit waren, ihre Zukunftsvisionen in die Tat umzusetzen.

In den ersten Jahren nach der Entdeckung Amerikas mag noch Skepsis geherrscht haben, vor allem in Regierungskreisen. José Pellicer behauptet 1640 in einer Denkschrift, es gebe Menschen, die der Ansicht seien, die Spanier hätten einen Fehler gemacht, indem sie sich darauf eingelassen hätten, die Westindischen Inseln zu entdecken und zu kolonisieren; nicht durch die Ausbeutung ferner Silberminen gelangten Königreiche zu Wohlstand, sondern durch das Geschick und den Unternehmungsgeist ihrer Bewohner.[190] Doch im Zuge der Ereignisse verbanden sich die finanziellen Erfordernisse der spanischen Krone und der Wunsch nach privatem Profit miteinander und führten dazu, daß massenhaft menschliche Arbeitskraft, Geld und Unternehmergeist in die Entwicklung der Westindischen Inseln investiert wurden.

Erleichtert und stimuliert wurde dieser Prozeß dadurch, daß es zur Zeit der Entdeckung Amerikas in Sevilla einflußreiche Kreise gab, die sowohl über Geschäftssinn als auch über einschlägige Erfahrungen verfügten. Die Stadt besaß ein reiches Hinterland und einen vergleichsweise bequemen Zugang zum Meer, sie hatte sich bereits zu einem bedeutenden internationalen Hafen und zu einem Zentrum des Handels entwickelt und hatte eine beträchtliche Anzahl ausländischer Kaufleute angezogen, unter anderem eine starke Kolonie von Genuesern. In dieser weltoffenen Atmosphäre konnte man natürlich auch eine gewisse Aufgeschlossenheit gegenüber neuen Ideen und einen geschärften Blick für Profitchancen erwarten. Andererseits verhießen die Kanaren, die Westindischen Inseln und das amerikanische Festland eine solche Menge an vielversprechenden Möglichkeiten für einträgliche Investitionen, daß sich auch Gruppen der Gesellschaft davon reizen ließen, die nicht dem Kaufmannsstand angehörten. Um 1560 schreibt Tomás de Mercado, die Entdeckung der Westindischen Inseln vor rund sechzig Jahren habe den Erwerb großer Reichtümer ermöglicht, so daß sich einige der bedeutendsten Bürger, angelockt von der Aussicht auf riesige Gewinne, entschlossen hätten, Kaufleute zu werden. Die Folge war eine bis dahin ungekannte Mobilität der Gesellschaft, »denn der Adel hat sich – aus Gier oder aus Not – dazu herabgelassen, wenn schon nicht Handel zu treiben, so doch wenigstens in Kaufmannsfamilien einzuheiraten; und die Kaufleute mit ihrer Sehnsucht nach Adelstiteln streben nach Höherem und wollen es zu reichen Erbgütern bringen«.[191]

Führte die Entdeckung und Entwicklung der Westindischen Inseln einerseits zu einer größeren *sozialen* Mobilität in der Stadt, so brachte sie andererseits eine noch stärkere *geographische* Mobilität der Sevillaner mit sich, die bereits seit Jahrhunderten einen Hang zum Nomadentum hatten erkennen lassen. Das neuerliche Aufblühen der Stadt mußte natürlich Kaufleute von außerhalb anziehen, so etwa die Familie Espinosa, die im frühen sechzehnten Jahrhundert von Medina de Rioseco einwanderte, um sich direkt an den lukrativen Geschäften zu beteiligen, die auf den Westindischen Inseln winkten.[192] Zwar leisteten auch die Genueser Kaufleute einen wertvollen Beitrag zur Entwicklung der Westindischen Inseln[193], doch ob dieser Beitrag sich mit dem der eingeborenen Spanier – der Andalusen, Basken, Burgalesen –, die Sevillas neue Möglichkeiten als Hauptstadt einer transatlantischen Welt sahen, messen kann, darf bezweifelt werden.[194] Diese Menschen hatten erkannt, daß Europas Grenze sich verschoben hatte und die Folge dieser Verschiebung eine Verlagerung des Zentrums der wirtschaftlichen Anziehungskraft war. Genau das hatte Pérez de Oliva den Stadtältesten von Córdoba sagen wollen, und genau das erklärte auch Tomás de Mercado in seinem Traktat über Sevillas Wohlstand. »Früher waren Andalusien und Lusitania das äußerste Ende der Welt, aber heute, nach der Entdeckung der Indien, sind sie zum Mittelpunkt derselben geworden.«[195]

Doch nicht nur die Kaufleute lockte es nach Sevilla. Die Stadt zog auch die Einwohner Kastiliens, die Rastlosen, die Ehrgeizigen und die Hungernden magnetisch an, und diese machten sich auf nach Süden in der Hoffnung, wenigstens mittelbar teilhaben zu können an dem Wohlstand, der von den Westindischen Inseln kam. Wo sonst in Europa hätte man den Einfluß Amerikas auf das Leben in jener Zeit deutlicher spüren können als am Glanz und Elend Sevillas, an dem Gewimmel auf den Straßen jener Stadt, die gegen Ende des sechzehnten Jahrhunderts über 100 000 Einwohner hatte.[196]

Für viele, die nach Sevilla kamen, war damit das Ziel ihrer Reise erreicht, aber für ebenso viele war die Stadt nur das Tor zu einem neuen Leben und neuen Möglichkeiten jenseits des Atlantiks. Schätzungsweise an die 200 000 Spanier sind im Verlauf des sechzehnten Jahrhunderts nach Amerika ausgewandert. Inzwischen gibt es einige wertvolle Studien darüber, aus welchen Regionen diese Auswanderer stammten, aber alles in allem ist unser Wissen über diese Menschen bis heute noch sehr dürftig.[197] Welche Motive hatten sie für ihr Fortgehen? Wie hat es sich in Spanien ausgewirkt? Inwieweit erhielten sie den Kontakt zu ihren Heimatgegenden und zu ihren Familien aufrecht, und wie viele von ihnen kehrten zurück?

»Es gibt drei Dinge«, schreibt der Franzose Marc Lescarbot 1609, »die Menschen dazu bringen, in die Ferne zu ziehen und ihre Heimat zu verlassen. Das erste ist die Sehnsucht nach etwas Besserem. Das zweite ist, wenn eine Gegend so überfüllt ist von Menschen, daß sie aus den Nähten platzt... Das dritte sind Uneinigkeiten, Zwistigkeiten und gerichtliche Klagen.«[198] Enrique Otte hat einundvierzig Briefe von spanischen Siedlern in der mexikanischen Stadt Puebla an ihre Angehörigen in Spanien herausgegeben, die einen Eindruck vom Charakter und den Motiven der Auswanderer vermitteln und ahnen lassen, was sie dazu getrieben haben mag, nach »etwas Besserem« zu suchen. Im Tenor gleichen sie sich alle: Das hier ist ein gutes Land. Kommt her! »Hier verdienst Du in Deinem Beruf in einem Monat mehr als dort in einem Jahr...«, schreibt Alonso Ramiro an seinen Schwager. Diego de San Lorente, ein Schneider, der 1564 nach Puebla kam, bittet seine Frau fünf Jahre später, ihm mit ihrem zehnjährigen Sohn dorthin zu folgen. »Hier können wir leben, wie es uns gefällt, und Du wirst sehr zufrieden sein, und wenn ich Dich an meiner Seite habe, bin ich bald reich.« Juan de Robles schreibt 1592 an seinen Bruder in Valladolid: »Zögere nicht. Gott wird uns helfen. Dieses Land ist nicht schlechter als das unsere, nur gibt Gott uns hier mehr als dort, und es wird uns besser gehen.«[199]

Das waren unternehmungslustige Männer mit Initiative, die bereit waren, ein neues Leben in fremder Umgebung zu wagen, damit es ihnen besser ginge. Manche wollten vielleicht der Armut entgehen. Andere, wie zum Beispiel die sieben Brüder der Heiligen Theresia, mag der Wunsch, den einengenden gesellschaftlichen Konventionen eines Landes zu entfliehen, in dem die Abstammung und die Reinheit des Blutes so viel galten, in die Ferne getrieben haben. Gemessen an der Bevölkerung Kastiliens oder auch nur an der Anzahl der Menschen, die Spanien durch militärische Operationen im Ausland verlor (unter der Regierung Philips II. jährlich zirka achttausend Mann)[200], war die Zahl der Auswanderer zwar vermutlich relativ gering, der qualitative Verlust, den Kastilien erlitt, dürfte indes erheblich gewesen sein. Wenn diese Auswanderer, was zu vermuten ist, überdurchschnittliche geistige und körperliche Fähigkeiten besaßen, könnte ihre Emigration sogar negative Folgen für die genetische Qualität der Gesamtbevölkerung der Provinz gehabt haben. Doch auf der anderen Seite schlugen wichtige soziale und ökonomische Vorteile zu Buche. Viele der Auswanderer schickten Geld nach Hause. Andere, beispielsweise die berühmten *Indianos* und *Peruleros,* machten auf den Westindischen Inseln ein Vermögen, um dann nach Spanien zurückzukehren. Lorenzo, einer der Brüder der Heiligen Theresia, kam als Don Lorenzo heim und kaufte sich von seinem

Silber aus der Neuen Welt in Avila Ländereien.[201] Ein Teil des auf den Westindischen Inseln erworbenen Geldes wurde für einen so unerhörten Pomp und Luxus verschwendet, daß selbst ein Volk, das mit seinem Reichtum durchaus nicht hinter dem Berge zu halten pflegte, darüber verblüfft und vielleicht sogar empört war. Ein anderer Teil floß in wohltätige Zwecke und religiöse Stiftungen wie das von der Heiligen Theresia gegründete Kloster San José Avila. Ein Teil half Familien, die in finanziellen Schwierigkeiten steckten, wieder auf die Beine zu kommen, und ein Teil wurde zweifellos auch von neuem in die Landwirtschaft oder den Handel investiert.

Dieses Silber, mochte es nun spanischen Aristokraten oder englischen Privatiers in die Hände fallen, war das »Fallobst« des Neulands, von dem Walter Prescott Webb gesprochen hatte. In einer Zeit, da so manche Geschäfte oder industrielle Unternehmungen aus Mangel an flüssigem Kapital abrupt scheiterten, stellte es eine willkommene Aufbesserung der europäischen Finanzreserven dar. Geht man davon aus, daß das wahre Ziel einer jeden rechtgesinnten Gesellschaft wirtschaftliches Wachstum ist, dann wurde ohne Zweifel ein nicht geringer Teil dieses Silbers verschwendet, und seine Wirkung war weniger an den veränderten Vermögensverhältnissen ganzer sozialer Klassen als vielmehr an denen einzelner Personen und Familien ablesbar. Aber vielleicht liegt gerade darin die Bedeutung der Westindischen Inseln für das Leben im Europa des sechzehnten Jahrhunderts. Die Existenz der Neuen Welt vergrößerte Europas Spielraum. Vor allem förderte sie die Mobilität – die Mobilität des Reichtums, der Menschen, des Denkens. Und wo es Mobilität gab, da gab es auch Möglichkeiten für Menschen mit Unternehmungsgeist, mit Können und mit dem Willen, etwas zu riskieren; und diese Menschen agierten in einem Klima, wo der Erfolg seinerseits Erfolg gebar. Die bloße Tatsache, daß es ihnen gelungen war, jenseits des Atlantiks Unternehmen aus dem Erdboden zu stampfen, gab diesen Menschen ein neues Vertrauen in ihre Fähigkeit, die Welt zu gestalten und zu beherrschen. »Als wir in diesen Indien ankamen, fanden wir dort keine Zuckerfabriken vor«, schreibt Fernándes de Oviedo, »und all diese haben wir mit unseren eigenen Händen und unserem Fleiß in einer so kurzen Zeit gebaut.«[202] Ähnlich stolz äußert sich auch Gómara über die großen »Verbesserungen«, die die spanischen Kolonisten in Hispaniola und Neuspanien herbeiführten.[203]

Das Neuland, das sich jenseits des Atlantiks auftat, schuf also neue Möglichkeiten und erzeugte ein geistiges Klima, das die Menschen dazu ermutigte, an ihren Erfolg zu glauben. Die Möglichkeiten waren da, aber es waren auch die Menschen da, die bereit waren, sie zu nutzen. Dennoch bleibt die Frage, warum das so war. Waren die Europäer am Beginn des sechzehnten Jahrhunderts in einer Situation, die ihnen keinen anderen Ausweg ließ, als sich nach Westen zu orientieren und dort neue Betätigungsfelder zu suchen? Oder hatte die europäische Gesellschaft bereits bestimmte Eigenschaften entwickelt, die sie dazu befähigten, neue Möglichkeiten zu erkennen und sie zu ergreifen? In dem einen wie in dem anderen Fall wäre die »Neuland«-These als Erklärung für die großen historischen Veränderungen im Europa der frühen Neuzeit unzureichend, so daß man nicht umhin kommt, die Bedingungen sowohl in den Metropolen als auch im Neuland näher in Augenschein zu nehmen. Es mag sein, daß Amerika das Tempo des europäischen Fortschritts beschleunigt hat. Es ist sogar möglich, daß der Fortschritt ohne Amerika ausgeblieben wäre. Doch möchte ich denen, die die Dinge so extrem sehen, den Rat geben, sich daran zu erinnern, daß Amerika, wie Professor Braudel einmal so schön sagte, nicht allein regiert.[204]

Die atlantische Welt

Die Eroberung Amerikas durch Spanien stellte große Veränderungen im politischen Leben Europas in Aussicht. Das sechzehnte Jahrhundert erlebte den Aufstieg der ersten Weltreiche in der Geschichte der Menschheit. Die Quellen der Macht waren nun nicht mehr nur auf den europäischen Kontinent beschränkt, und auch die Konflikte der europäischen Staaten untereinander griffen von jetzt an über auf Länder und Meere, die weit jenseits der Säulen des Herkules, der traditionellen Grenzen Europas, lagen. Das mußte zu Veränderungen auf zahlreichen Gebieten führen – in den Beziehungen zwischen den weltlichen Herrschern und der Kirche, die von jeher den Anspruch auf weltweite Vorherrschaft erhoben hatte, in der Machtverteilung sowohl innerhalb einzelner Staaten als auch unter den Staaten, aber auch in den Vorstellungen davon, was unter Macht zu verstehen war und wie die internationalen Beziehungen sich auf globaler Ebene gestalten ließen.

Genau wie bei der Entwicklung des Denkens oder der Ökonomie im sechzehnten und frühen siebzehnten Jahrhundert besteht das eigentliche Problem auch hier wieder darin, zu entscheiden, welche dieser Veränderungen unmittelbar dem Einfluß Amerikas zuzuschreiben sind und welche zum Zeitpunkt der Entdeckung und Eroberung entweder bereits begonnen hatten oder gerade in Gang kamen. Auf dem Feld der Politik finden wir Braudels Feststellung, daß Amerika nicht allein regiert[205], sogar noch deutlicher bestätigt als in der Ökonomie. Man kann sogar sagen, daß Amerika, zumindest was grundlegende politische Veränderungen angeht, im sechzehnten Jahrhundert so gut wie gar nicht regiert hat. Die Weigerung der Staaten, sich weiterhin einer wie auch immer gearteten supranationalen Herrschaft der Kirche zu unterwerfen, die absolutistischen Tendenzen der Fürsten im sechzehnten Jahrhundert, die Entwicklung neuer Theorien und Praktiken zur Regelung der Beziehungen zwischen den unabhängigen, souveränen Staaten – all das sind Entwicklungen, die durchaus auch dann vorstellbar gewesen wären, wenn Europa noch überhaupt nichts von der Existenz Amerikas gewußt hätte. Ebenso übrigens eine gewisse Form von Imperialismus. Die wachsende Gefährdung Europas durch die näherrükkenden osmanischen Türken ließ es wünschenswert erscheinen, Macht und Ressourcen in den Händen eines einzigen Herrschers zu konzentrieren, und die absichtlichen und zufälligen Entwicklungen, die in jenem Jahrhundert in den Fürstenhäusern vonstatten gingen, sorgten dafür, daß dieser Wunsch verwirklicht werden konnte. Anfangs stand Amerika bei diesem imperialen

Unternehmen abseits, doch mit der Zeit sollte es einen wesentlichen Einfluß auf sie ausüben.

Vor dem Hintergrund dieser den politischen Ereignissen in Europa zugrunde liegenden Realitäten eröffnete die Eroberung und Kolonisierung Amerikas eine ganze Vielfalt von Möglichkeiten, die nach Belieben ins Spiel gebracht werden konnten. Das zeigte sich besonders in den Beziehungen zum Kirchenstaat. Auf den ersten Blick mag es den Anschein gehabt haben, als eröffne die Entdeckung von Millionen und Abermillionen in geistiger Finsternis lebender Menschen der Kirche blendende Möglichkeiten, ihr Ansehen und ihre Autorität wiederherzustellen. Das ganze sechzehnte Jahrhundert hindurch trösteten sich katholische Apologeten wie der Deutsche Laurentius Surius damit, daß das Kreuz in einer Zeit, da es im eigenen Lande mit Füßen getreten wurde, in den neuen Ländern in Übersee seinen Siegeszug antrat.[206] Doch der praktische Nutzen, der sich für die Kirche ergab, erwies sich in vielerlei Hinsicht als enttäuschend; und es kann sogar sein, daß die Abwanderung einiger der enthusiastischsten und effizientesten Evangelisten aus den Reihen der Kirche nach ausländischen Missionen dem Prozeß der Gegenreformation geschadet hat.

Selbst die Bullen Papst Alexanders VI. von 1493 erscheinen rückblickend eher als eine geschickte Ausnutzung der königlichen Befugnisse durch Ferdinand den Katholischen denn als triumphale Behauptung der Souveränität des Papstes. Indem Ferdinand und seine Nachfolger die der spanischen Krone feierlich auferlegte Pflicht akzeptierten, ihre neuen Untertanen auf den Westindischen Inseln zu bekehren, gelang es ihnen, Rom zu den äußersten Zugeständnissen zu bewegen und sich so der Unterstützung seitens des Heiligen Stuhls zu versichern. Gleichzeitig hüteten sie sich, der Kurie allzu überschwenglich für den empfangenen Segen zu danken. Vor allem legten sie größten Wert auf die Feststellung, daß Spanien seine Rechte auf den Westindischen Inseln keineswegs ausschließlich dem Papst zu verdanken hatte. »Dank der Schenkung des Heiligen Stuhls und *anderer rechtmäßiger und legitimer Titel* sind wir Herr über die Westindischen Inseln, die Inseln und das Hauptland des Ozeans«, so die Präambel des Gesetzes, durch das die Westindischen Inseln im Jahre 1519 zum unveräußerlichen Besitz der kastilischen Krone erklärt wurden.[207] Die päpstlichen Bullen wurden mithin lediglich als Bekräftigung der bereits durch Eroberung gewonnenen Rechte betrachtet; und die spanischen Scholastiker schlossen sich Vitoria an, der verkündete, da der Papst nicht der wahre Herr der ganzen Welt sei, stünde es ihm nicht zu, einen Teil derselben der spanischen Krone zu übergeben.

Ob die Bekehrung Fortschritte machte oder nicht, hing ohnedies vom guten Willen und mitunter auch von der aktiven militärischen Unterstützung der weltlichen Macht ab. Das räumte auch Acosta ein, der erklärte, wenn die Missionare sich der Gnade von Völkern auslieferten, die so barbarisch seien, daß sie nicht einmal Kenntnis von den Naturgesetzen besäßen, so käme dies dem Versuch gleich, mit Wildschweinen oder Krokodilen Freundschaft zu schließen.[208] Die spanische Krone war somit in einer idealen Position und konnte die Methoden der Evangelisierung selbst bestimmen; und sie konnte sich dabei obendrein im Glanz der ihr von der Kurie im Rahmen des *patronato* übertragenen Rechte sonnen. Das gab ihr eine einzigartige Macht, die kirchlichen Angelegenheiten in ihren amerikanischen Besitzungen nach eigenem Ermessen zu regeln – eine Macht, wie sie sie in Europa ansonsten nur in dem jüngst eroberten Königreich Granada besaß.[209] Daß die amerikanischen Angelegenheiten auf dem Trienter Konzil bewußt ausgespart wurden[210], spiegelt das Unvermögen Roms wider, in irgendeiner Weise selbständig und wirksam auf die Missionsarbeit in der Neuen Welt Einfluß zu nehmen. Gómara zählt die verschiedenen kirchlichen Ämter des Königs von Kastilien auf und erklärt, dieser sei der »absolute Herrscher« über die Westindischen Inseln.[211]

So stärkte die Eroberung Amerikas, die angeblich dem Ruhme Gottes dienen und dem Katholizismus zur Ehre gereichen sollte, in Wahrheit die Macht der spanischen Krone sowohl gegenüber ihren Untertanen als auch in ihren Beziehungen zur Kirche. Sie hatte die enormen neuen Reserven des Patronats unter ihre Kontrolle gebracht, und sie hatte es verstanden, die eigenen Interessen auf eine einzigartige Weise mit der göttlichen Mission zur Bekehrung heidnischer Völker zu verbinden. Doch dies war nicht die einzige Form, in der die Aneignung überseeischer Gebiete dazu beitrug, Macht und Ansehen weltlicher Fürsten zu stärken. Am deutlichsten ist dieser Prozeß natürlich auf der iberischen Halbinsel erkennbar, weil die Spanier und Portugiesen bei der Begründung von Überseeimperien die Nase vorn hatten. Doch finden wir auch in Sir Humphrey Gilberts Entgegnung auf Vorhaltungen, er setze sich rücksichtslos über verbriefte Freiheiten anglo-irischer Städte hinweg, Hinweise darauf, welche Möglichkeiten zur Ausweitung der königlichen Macht im Akt der Kolonisierung lagen. »Der Fürst«, so Gilbert, habe »rechtmäßige und absolute Macht, und was mit dem einen nicht getan werden kann, das täte ich, so die Not es gebeut, mit dem anderen.«[212] Eroberungen, ob in Irland oder auf den Westindischen Inseln, eröffneten weitgefächerte Chancen und boten eine ständige Versuchung, die absolute Macht einzusetzen. Mochte das scholastische Denken im Spanien des sechzehnten Jahrhunderts auch noch so sehr für die Rechte heidnischer Staaten und Institutionen auf eine autonome Existenz eintreten, Tatsache ist und bleibt, daß nichts die spanische Krone hindern konnte, in allen die Westindischen Inseln betreffenden Dingen willkürliche Gesetze zu erlassen.

Die Handlungsfreiheit in der Neuen Welt stand im krassen Gegensatz zu den Grenzen der königlichen Macht im eigenen Land. Gelegentlich wird behauptet, die Tatsache, daß Kastilien seine Privilegien in der frühen Neuzeit mehr und mehr eingebüßt habe, könne durchaus damit zusammenhängen, daß die spanische Krone bei der Verwaltung der Westindischen Inseln mehr und mehr zu absolutistischen Praktiken gegriffen habe.[213] Die

Vermutung liegt zwar nahe, ist aber nur schwer zu beweisen, doch es gibt zumindest Anzeichen dafür, daß die auf den Westindischen Inseln gesammelten Erfahrungen mit dazu beitrugen, ein autoritäres Verhalten der Kastilier daheim in Europa zu fördern. Auf einen Brief an Philip II. kritzelte der Gouverneur von Mailand 1570 den eindrucksvollen Kommentar: »Diese Italiener müssen, obgleich sie keine Indianer sind, genau wie diese behandelt werden, damit sie begreifen, daß wir über sie zu bestimmen haben und nicht sie über uns.«[214]

Während der kastilische Adel und die kastilische Beamtenschaft immer mehr die Überheblichkeit zur Schau trugen, die man von den Erbauern eines Imperiums erwartet, hatte die Krone die besten Voraussetzungen, sich die handfesten Vorteile zu sichern, die dieses Imperium abwarf. Sie genoß unumschränkte Rechte bei der Verfügung über den Grund und Boden sowie über die unterirdischen Bereiche der eben eroberten Länder. Sie allein konnte neue Forschungsreisen und Eroberungsfeldzüge genehmigen. Sie besaß das Recht, alle administrativen, juristischen und kirchlichen Ämter auf den Westindischen Inseln zu besetzen. Um diese Möglichkeiten nutzen zu können, war sie gezwungen, einen komplizierten Regierungsapparat zu errichten, der zwar offenkundige Schwächen hatte, aber dennoch ihren Zwecken Tausende Meilen vom Mutterland entfernt hinlänglich diente. Bacon zufolge pflegte Mendoza, der Vizekönig von Peru, zu sagen, die Regierungsgewalt über Peru sei der beste Posten, den der König von Spanien zu vergeben habe, er liege nur ein wenig zu nahe an Madrid.[215]

Die Erfahrungen der Spanier auf den Westindischen Inseln bestätigen offensichtlich Walter Prescott Webbs Behauptung, daß »Besitzungen im Neuland Macht und Ansehen des Königs« stärkten.[216] Das Ansehen, die finanziellen und administrativen Ressourcen und die großen Reserven des Patronats, die der Besitz eines Überseeimperiums mit sich brachte, all das waren starke neue Waffen im Kampf der spanischen Krone gegen aufmüpfige Elemente im eigenen Land. Überdies kann es durchaus sein, daß sich durch den Besitz ausländischer Territorien, in denen die Unbotmäßigen ihre überschüssigen Kräfte verausgaben konnten, die Gefahr innerer Konflikte verringerte. Es war bekannt, daß dies eine der wichtigsten Funktionen der Kolonien im alten Rom war. »Auf diese Weise«, schreibt Bodin, »wurde ihre Stadt von Bettlern, Meuterern und Müßiggängern befreit.«[217] Auch andernorts schaute man angesichts der Unruhen im eigenen Lande nach Spanien, wo innerer Frieden herrschte, und zog daraus seine Lehren. »Es ist erwiesen«, schreibt der Hugenotte La Popelinière 1582, »daß Spanien in Aufruhr geraten wäre oder sich dort bestimmt etwas Neues herausgebildet hätte, wenn die Spanier nicht alle Schurken in ihrem Reich und besonders jene, die sich weigerten, nach den Kriegen Granadas gegen die Mauren wieder zu ihrer alltäglichen Beschäftigung zurückzukehren, in das von Kolumbus entdeckte Neue Indien geschickt hätten ...«[218] La Popelinière war der Überzeugung, ein großer Kolonialfeldzug könne den Bürgerkriegen in

Frankreich ein Ende setzen; ähnlich war Richard Hakluyt überzeugt, daß Englands Staatswesen durch die Kolonisierung, die den für Verhetzung nur allzu anfälligen, überflüssigen Bevölkerungsanteil absaugen würde, gesunden könnte.[219]

Diese Erwägungen von Zeitgenossen sind durchaus plausibel. Warum hätte man daheim für Chancen und Rechte kämpfen sollen, die man, wenn man nach Übersee auswanderte, viel billiger haben konnte? Doch wenn autoritäre Tendenzen im Staat des sechzehnten und siebzehnten Jahrhunderts die randständigen Elemente der Gesellschaft zum Auswandern veranlaßten, so hat wohl andererseits gerade diese Abwanderung dem autoritären Regiment daheim den Rücken gestärkt. Vielleicht waren Gehorsam gegenüber der Obrigkeit und ein hohes Maß an Konformismus der Preis, der im Mutterland für das Imperium jenseits des Ozeans gezahlt werden mußte.

Absurderweise entwickelte ausgerechnet ein geborener Rebell wie Hernando Cortés als erster klare Vorstellungen davon, wie das Kolonialreich Macht und Ansehen seines Königs vermehren könne. Es spricht für Cortés' Scharfsinn, daß er die Kolonisierung nicht nur als Schlüssel zum Weltreich erkannte, sondern darüber hinaus auch fähig war, Montezumas Untergang in einen globalen Zusammenhang einzuordnen, indem er diesen zu dem zweiten großen Ereignis des entscheidenden Jahres 1509 in Beziehung setzte – zur Berufung Karls von Gent auf den Kaiserthron. Innerhalb weniger Monate war es Karl gelungen, nicht nur ein, sondern gleich zwei Weltreiche zu begründen. Cortés zufolge durfte er sich mit dem gleichen Recht, mit dem er sich Kaiser von Deutschland nannte, »welchselbiger Titel Eurer Majestät von Gottes Gnaden verliehen ist«, Kaiser von Neuspanien, dem einstigen Reich Montezumas, nennen. Und in der Tat hatte Cortés aus genau diesem Grunde dafür gesorgt, daß Montezuma eine »kaiserliche Schenkung« vornahm, und dann – wie es der Zufall wollte – die Urkunden verloren, die diesen einzigartigen politischen Akt belegten. Diese beispiellose Häufung von Machtbefugnissen sowohl in Mexiko als auch in Deutschland war für Cortés ein deutlicher Beweis der Mission, für die das Schicksal seinen königlichen Herrn unausweichlich bestimmt hatte. Karl war im Begriff, »Herrscher der Welt« zu werden, und der König von Frankreich und all die anderen Monarchen wären gezwungen, sich seiner kaiserlichen Macht zu unterwerfen.[220]

Cortés' Vision einer Weltmonarchie wurde von bedeutenden Persönlichkeiten bei Hofe geteilt. Doch war offenbar keiner dieser kaiserlichen Gefolgsleute in der Lage, so klar wie Cortés zu sehen, daß Karls Besitzungen in Übersee dem alten Thema des Weltreichs eine ganz neue Dimension verleihen konnten. Das imperialistische Denken Karls V. blieb, ebenso wie sein Imperium, entschieden europäisch orientiert. Karl war nicht daran interessiert, sich mit dem Titel eines Kaisers der Westindischen Inseln oder von Neuspanien zu schmücken. Auch die spanischen Scholastiker fanden wenig Gefallen an dem Ideal eines Weltreichs. Vitoria widmete einen Abschnitt seiner *De Indis* der Widerlegung der These der kaiserlichen Weltherrschaft, und auch Sepúlveda rechtfertigte die Herrschaft der Spanier über die Indianer nicht mit dem Weltreich-Argument.[221]

Daß Cortés mit seiner Vision von einem Weltreich auf so wenig Begeisterung stieß, mag für eine gewisse Engstirnigkeit Karls V. und der Spanier seiner Generation sprechen. Es spiegelt allerdings auch die realen Machtverhältnisse in der damaligen Welt wider. Das Imperium Karls V. blieb ein europäisches, weil die Quellen seiner Macht in erster Linie europäisch waren. Zwischen 1521 und 1544 produzierten die Minen auf den Territorien der Habsburgischen Dynastie nahezu viermal soviel Silber wie ganz Amerika.[222] Erst in den späteren Jahren seiner Regierungszeit, zwischen 1545 und dem Beginn der zweiten Hälfte des sechzehnten Jahrhunderts, änderte sich das. Und selbst noch zu dieser Zeit schwankten die in Sevilla eintreffenden Silbermengen erheblich; wirklich bedeutende Beträge kamen erst nach 1550, als die Unruhen in Peru sich legten. Auch sollte man sich hinsichtlich des Beitrags, den Amerika alles in allem nach dem Ansteigen der Silberproduktion zu Karls Etat leistete, einen Sinn für Relationen bewahren. So machte beispielsweise 1554 der Anteil Amerikas nur elf Prozent der Gesamteinnahmen der Krone aus.[223] Über die Jahre beliefen sich die amerikanischen Zahlungen an die Krone im Durchschnitt auf jährlich zirka 250 000 Dukaten – ein Betrag, der kaum ausgereicht haben dürfte, um den durch das Sinken des Geldwerts bedingten Wegfall der traditionellen Einnahmequellen in Spanien selbst auszugleichen.

Allerdings vermittelt eine solche Einschätzung einen falschen Eindruck davon, welche Bedeutung Amerika in Wahrheit für das Imperium Karls V. hatte. Dieses Imperium wurde im Grunde nur durch Kredite ermöglicht, und ohne die Verbindung zu Amerika und den Köder des amerikanischen Silbers hätten sich die großen Bankhäuser wohl kaum darauf eingelassen, dem Kaiser in einem solchen Maße und über eine so lange Reihe von Jahren Geld vorzustrecken. Die Neue Welt war also nicht der Auslöser, wohl aber ein *Stützpfeiler* des ersten großen imperialistischen Abenteuers Europas im sechzehnten Jahrhundert. Wie lange dieses Abenteuer ohne das westindische Silber fortgedauert hätte, läßt sich beim besten Willen nicht sagen; wir wissen aber, daß es in den vierziger und frühen fünfziger Jahren des sechzehnten Jahrhunderts innerhalb des Reiches Karls V. eine entscheidende Verlagerung des ökonomischen Schwergewichts von den Niederlanden und Deutschland nach der iberischen Halbinsel gegeben hat. Ab 1553 verdrängten die Genueser die deutschen und flämischen Bankiers aus ihrer Vorherrschaft als Geldgeber des Kaisers.[224] Das war gleichsam ein Symbol für den Niedergang der alten Finanzwelt von Antwerpen und Augsburg und ihre Ablösung durch ein neues Finanzbündnis, das Genua mit Sevilla und den amerikanischen Silberminen verknüpfte. Immer mehr war Karl in den letzten, traumatischen Jahren seiner Herrschaft auf die spanischen Ressourcen und die der Westindischen Inseln angewiesen – was beweist, daß etwa um diese Zeit die Neue Welt entscheidende Bedeutung für den Fortbestand seines Imperiums in der Alten erlangte.

Am Ende wurde er von der Neuen Welt genauso im Stich gelassen wie von allen anderen. Von Chaunu haben wir erfahren, daß man den Verzicht auf das Weltreich, die Bankrotte der Königshäuser in den späten fünfziger Jahren und den Frieden von Cateau-Cambrésis in den globalen Kontext eines drastischen Rückgangs des transatlantischen Handels einordnen muß.[225] Allerdings läßt sich auch in diesem Fall nicht eindeutig bestimmen, ob die Erklärung für die Krise in erster Linie in Amerika oder eher in Europa zu suchen ist. Die Neue Welt befand sich ohne Zweifel in einer Übergangsperiode; die Zeiten, in denen es um leichte Beute ging, waren vorüber. Aber andererseits drohten die Aktivitäten der französischen Privatiers dem Transatlantikhandel Sevillas das Wasser abzugraben, und zugleich stiegen Karls finanzielle Forderungen ebenso ins Unermeßliche wie seine Schulden. 1556 konfiszierte er alles Silber, das in Sevilla für Privatpersonen eintraf. Seine katastrophale finanzielle Lage trieb ihn dazu, dem Huhn, das silberne Eier legte, den Hals umzudrehen.

Als nach 1562 wieder Frieden in Europa einzog und der Transatlantikhandel sich ausweitete, rekonstituierte sich der Imperialismus der Habsburger in einer neuen Form, die den Zeichen der Zeit besser entsprach. Das Imperium Philips II. drehte sich um die Achse Sevilla, denn der Kredit des Königs stieg und fiel mit den aus Amerika eintreffenden Silbermengen und bis zu einem gewissen Grade auch mit Sevillas Transatlantikhandel insgesamt. In der zweiten Hälfte des sechzehnten Jahrhunderts kann man – was für die erste Hälfte nicht unbedingt zutrifft – mit Fug und Recht von einer atlantischen Wirtschaft und einem atlantischen Reich sprechen. In dieser Beziehung unterscheidet sich das Imperium Philips II. grundlegend von dem Karls V., das ein durch und durch kontinentales war. Philips indes war – fast ungewollt – maritim und global.

Was das jedoch bedeutete, wurde den Zeitgenossen erst allmählich klar, und Philip II. selbst hat es allem Anschein nach nie in vollem Umfang begriffen. Wie dem auch sei, der Löwenanteil der Einkünfte kam noch immer aus Kastilien und Italien, obwohl die Westindischen Inseln mit ihren Überweisungen an die Krone, die sich bis 1590 auf über zwei Millionen Dukaten steigerten, in den letzten Jahren seiner Regierungszeit zwanzig bis fünfundzwanzig Prozent der Einnahmen stellten. Aber es war nicht leicht, vor allem nicht für einen König, der im Herzen Kastiliens saß, den Gang einer Welt zu bestimmen, in der die Herrschaft über die Meere der Schlüssel zum Erhalt des Reiches war und in der das Silber denen den größten Nutzen brachte, die es für sich arbeiten zu lassen wußten.

Es war eine unabänderliche Tatsache, daß die gesamte internationale Politik unterdessen im Wandel begriffen war. »Wir sehen, welche Flut von Reichtum dadurch nach Europa geflossen ist«, schreibt Bacon im Hinblick auf die Ergebnisse der Eroberung der Westindischen Inseln. »Überdies hat diese Unternehmung uns unendliche Territorien und Reiche zugänglich gemacht.«[226] Das konnte für das Kräftegleichgewicht zwischen Europa und seinem traditionellen Feind, dem Islam, nicht ohne Folgen bleiben. Es ist nicht ausgeschlossen, daß das spanische Engagement bei der Eroberung der Westindischen Inseln in der ersten Hälfte des sechzehnten Jahrhunderts einen konzentrierten Angriff auf die Türken und ihre Verbündeten in Nordafrika und im Mittelmeerraum verhindert hat. Doch in der zweiten Hälfte des Jahrhunderts begannen sich die Investitionen in das Übersee-Imperium auszuzahlen – nicht zuletzt im Krieg gegen den Islam. Das Osmanische Reich sah sich nunmehr einem nach seinem Triumph über ferne Völker gestärkten spanischen Reich gegenüber, das außerdem noch über große Silbervorräte verfügte. Was Wunder, daß die Muslims, die sich bis dahin herzlich wenig um die nichtislamische Welt geschert hatten, unter diesen Umständen nun doch ein gewisses Interesse an den historischen Ursachen der Ausweitung des spanischen Machtbereichs zu zeigen begannen.[227] Um 1580 schrieb Sultan Murad III. eine *Geschichte der Westindischen Inseln,* bei der er sich offenkundig auf Peter Martyr, Fernándes de Oviedo und Gómara sowie auf Zárates *Geschichte der Eroberung Perus* stützte. »In nur zwanzig Jahren«, so der Sultan, »hat das spanische Volk all diese Inseln erobert und vierzigtausend Menschen gefangengenommen und Tausende von ihnen umgebracht. Möge Allah uns helfen, damit eines Tages die Gemeinschaft der Gläubigen diese wertvollen Länder erobert und sie von Muslims bewohnt sind und Teil der Osmanischen Länder werden.«[228] Diese Hoffnung zeugte nicht gerade von Realitätssinn, denn schließlich neigte sich das Kräftegleichgewicht in den Jahrzehnten nach Lepanto eindeutig zuungunsten es Islam.

Aber die Macht Spaniens war in den achtzig Jahren zwischen 1560 und 1640, für die christlichen Länder nicht minder als für das Osmanische Reich, der entscheidende Faktor im internationalen Leben Europas. Wir wissen heute so gut wie die Zeitgenossen damals, daß diese Macht eng mit den reichen Territorien in Übersee verbunden war, die Spanien besaß. Wie diese Verbindung jedoch die Konzepte und die Praxis der spanischen Außenpolitik im einzelnen beeinflußte, ist noch immer mehr oder weniger rätselhaft. Den kühnsten Versuch, Aufstieg und Untergang der Macht Spaniens aus seiner Verbindung mit Amerika zu erklären, hat Pierre Chaunu gewagt. Er will in allen Einzelheiten beweisen, daß der Imperialismus Philips II. seine Höhepunkte in genau jener Periode erlebte, in der Sevillas Handel mit den Westindischen Inseln den größten Aufschwung nahm, und daß andererseits der allmähliche Rückzug aus dem Krieg unter Philip III. mit wachsenden Schwierigkeiten innerhalb des spanischen Atlantiksystems zusammenfiel. Aber bei dem Versuch, zwischen den Bewegungen des Handels mit den Westindischen Inseln und bestimmten Veränderungen in der spanischen Außenpolitik eine Wechselwirkung nachzuweisen, verfängt man sich leicht in allerlei Fallstricken, und wer wüßte das besser als

Chaunu. Sagt er doch selbst: »Die Zusammenhänge sind klar, aber ihre genaue Bedeutung läßt sich schwer entwirren.«[229] Stagniert beispielsweise der Handel wegen der durch den Krieg bedingten Störungen, oder endet der Krieg, weil der Handel, mit dem er finanziert wird, in Schwierigkeiten gerät? Vermutlich sind beide Antworten zutreffend.

Aber Chaunus Theorie birgt bei aller Gründlichkeit dennoch die Gefahr einer allzu mechanischen Interpretation in sich, die das politische Handeln gewissermaßen als Pawlowschen Reflex auf mitunter sehr kurzfristige Schwankungen des Wirtschaftslebens versteht. Das verdeutlicht sein interessanter Versuch, die letzte große Manifestation des spanischen Imperialismus, den Überfall auf Deutschland zu Beginn des Dreißigjährigen Krieges, als Ergebnis der kurzen Phase der Prosperität zu interpretieren, die Sevilla zwischen 1616 und 1619 erlebte.[230] Ein durchaus überzeugender Gedanke, allerdings nur dann, wenn es irgendwelche Anzeichen dafür gäbe, daß die Berater Philips III. die zu diesem Zeitpunkt herrschende, außerordentlich günstige finanzielle Situation erkannt hatten und sich darüber im klaren waren, daß die Chancen für Kredite gut standen. Doch aus den Akten des Rates für Finanzen, der wohl in der Lage gewesen sein dürfte, das allgemeine Finanzklima einzuschätzen, geht derartiges nicht hervor. Im Gegenteil, die Memoranden, die er in diesen Jahren ausgab, waren selbst für dieses von Berufs wegen düstere Gremium ungewöhnlich düster. Wieder und wieder erinnerte der Präsident des Rates den Herzog von Lerma schwarz auf weiß an den unerhörten Ernst der finanziellen Situation. Die Silberbeträge, die die Krone von den Westindischen Inseln erhielt, waren unerwartet auf weniger als eine Million Dukaten im Jahr geschrumpft, und der Präsident hielt der Krone vor Augen, daß Spanien sich keinesfalls das Risiko weiterer großer Ausgaben in Deutschland leisten könne. Doch die Erwiderung des Königs fiel sehr bestimmt aus: »Diese Aufwendungen sind so lebenswichtig, daß der Rat für Finanzen sie aufbringen muß. Wir können Deutschland unmöglich aufgeben.«[231] Es mag viele gute Gründe für den Überfall Spaniens auf Deutschland gegeben haben, aber mit Sicherheit fiel die Entscheidung darüber nicht aufgrund einer vernünftigen Einschätzung der finanziellen Möglichkeiten und einer damit einhergehenden Abwägung günstiger Wirtschaftstrends.

Dem ließe sich natürlich entgegenhalten, daß in der Politik nicht so sehr die vernünftigen oder unvernünftigen Entscheidungen von Ministern, als vielmehr die Bereitschaft und das Vermögen der Bankiers, der spanischen Krone noch mehr Geld vorzustrecken, den Ausschlag gab. Das aber hing von vielen Faktoren ab, und die Frage, inwieweit Sevillas Handel mit den Westindischen Inseln florierte, mußte dabei nicht etwa immer unbedingt an erster Stelle stehen. So ist beispielsweise die Tatsache, daß es Philip II. um 1590 gelang, derart hohe Darlehen zu bekommen, offenkundig nicht zuletzt darauf zurückzuführen, daß durch den Krieg die Möglichkeiten für Investitionen eingeschränkt waren. Daher verfügten die Kaufleute über flüssiges Kapital, das sie der Krone gern zu höchstmöglichen Zinssätzen liehen.[232] Die Macht Spaniens gründete sich also auf einen ganzen Komplex von Faktoren und Bedingungen, die zu unterschiedlichen Zeiten auf unterschiedliche Weise zusammenwirkten. Neben handfesten Dingen wie starken Armeen, zahlreichen territorialen Besitzungen und breit gefächerten Einnahmen gab es die weniger handfesten wie Kredit und Bonität.

Fest steht aber trotz allem, daß das Silber von den Westindischen Inseln der gewaltigen Maschinerie einen Zusammenhalt gab und sie in Gang hielt. Manche Zeitgenossen ließen sich von dieser unbestreitbaren Tatsache stark, ja eigentlich zu stark beeindrucken. »Erwarb nicht Kaiser Karl mit diesem großen Reichtum von dem französischen König das Königreich Neapel, das Herzogtum Mailand und all seine anderen Herrschaftsgebiete in Italien, der Lombardei, in Piemont und Savoy? Hat er nicht mit diesem Reichtum den Papst zu seinem Gefangenen gemacht und den Heiligen Stuhl hinweggefegt?« Diese Fragen, die Hakluyt in seinem *Discourse of Western Planting* aus einer Denkschrift an die Grafen von Emden zitiert[233], zeigen, wie sehr man in jener Epoche von dem Gedanken besessen war, Spaniens Macht erkläre sich allein aus dem Silber der Westindischen Inseln. Von Hakluyt bis hin zu Oliver Cromwell ist dieses vielstrapazierte Argument wieder und wieder ins Feld geführt worden. »Nicht seine großen Gebiete sind es, die Spanien so reich machen«, sagte Sir Benjamin Rudyard 1624 vor dem Unterhaus, »... denn es ist sehr wohl bekannt, daß Spanien an sich arm an Menschen und bar aller Naturschätze ist ... Nein, Sir, seine Minen auf den Westindischen Inseln sind es, die die Nahrung liefern, mit der es sein unermeßlich ehrgeiziges Verlangen nach der Weltherrschaft speist.«[234]

Es war also durchaus nicht schwer, die Westindischen Inseln in die allgemein anerkannte Staatsdoktrin des sechzehnten Jahrhunderts zu integrieren, derzufolge der Krieg eine reine Geldsache war. Aber man zog daraus auch bestimmte Schlußfolgerungen, und so konnte das Wissen darüber, was die Macht der Nation ausmachte und worin sie bestand, nach und nach über die konventionellen Grenzen hinauswachsen. Lag die Stärke Spaniens in seinen transatlantischen Besitzungen, dann ließ sich die spanische Monarchie leichter durch Aktionen in Übersee stürzen als durch solche im eigenen Lande. Es mußte nur verhindert werden, daß das Silber nach Sevilla gelangte, und schon war der spanische König außerstande, seine Armeen im Felde noch länger mit Nachschub zu versorgen.

Zwar waren schon in der ersten Jahrhunderthälfte französische Privatiers in das Atlantikgeschäft eingestiegen[235], aber dennoch brauchte es einige Zeit, bis sich aus solchen Erwägungen ein regelrecht strategisches Modell entwickeln konnte. Etwa um 1550 kam es offenbar zu einem Konsens der unterschiedlichen Interessen, und nun begann man sich auf die Westindischen Inseln und ihre Bedeutung für die Macht der Spanier zu konzentrieren. Dem Wiederaufleben der Konflikte zwischen Karl V. und den Franzosen im Jahre 1552 folgten einige kühne und erfolgreiche Überfälle französischer Korsaren in der Karibik. Mit Villegaignons Brasilienfeldzug unter Admiral Coligny kam Frankreich drei Jahre später, nachdem um 1540 in Kanada sein erster Versuch in dieser Richtung fehlgeschlagen war, auf seine Kolonisierungspläne zurück.[236]

Gleichzeitig mit Frankreich begann auch England, das durch Mary Tudors Heirat mit Philip näher an Spanien herangerückt war, lebhaften Anteil an der Neuen Welt zu nehmen. Englische Kaufleute, die mit Spanien Handel trieben, trugen reichlich Informationen über Amerika zusammen. Durch Richard Edens Übersetzungen, unter anderem 1555 von Peter Martyrs *Decadas*, erreichten neue Fakten eine breitere Öffentlichkeit.[237] Das erweckte wiederum die Aufmerksamkeit von Männern, denen die religiösen und politischen Konsequenzen der wachsenden Vormachtstellung Spaniens keine Ruhe ließen, und regte ihre Phantasie an. Sir Peter Carew, der 1554 nach dem Fehlschlagen der Erhebung im Westen nach Rouen geflüchtet war, reflektierte im Exil über die Reichtümer, die Spanien aus den Westindischen Inseln zuflossen. In seinem Exemplar der Edenschen Übersetzung der *Decadas* sind die Kapitel über den Schiffsverkehr zwischen Spanien und Amerika mit unzähligen Anmerkungen versehen. Und vielleicht bezog sein Exilgefährte John Ponet seine Informationen über die Ausrottung der Indianer, mit denen er in seinem *Short Treatise of Politicke Power* die Folgen der Tyrannei veranschaulichte, aus eben jenem Exemplar.[238]

So führten also auf beiden Seiten des Kanals ungefähr zur gleichen Zeit ähnliche Interessen zu einem Konsens der Ideen, der den Gang der internationalen Beziehungen über die nächsten hundert Jahre hinaus beeinflussen sollte. Diese Ideen wurden im ständigen Dialog zwischen Engländern und Franzosen entwickelt, die vielfach nicht nur persönliche Freundschaften und eine gemeinsame Religion, sondern vor allem der gemeinsame Haß auf Spanien verband. 1558 erwog Heinrich II., wahrscheinlich inspiriert von Coligny, den Plan, einen Überraschungsangriff auf die Landenge von Panama durchzuführen und damit die Silberlieferungen aus Peru und Neuspanien zu blockieren.[239] Nach dem Vertrag von Cateau-Cambrésis änderte Coligny seine Absichten und begann sich für eine Kolonisierung Floridas zu interessieren; und der Besuch Ribaults, der 1563 nach England kam, um sich der Unterstützung der Engländer für einen solchen Plan zu versichern, trug wesentlich dazu bei, daß diese anfingen, sich für die Möglichkeit einer Besiedlung Nordamerikas zu erwärmen.[240]

Die Ereignisse dieser Jahre und die Reaktionen darauf – der Schock über das Massaker von Florida und darüber, wie man Hawkins bei San Juan de Ulúa mitgespielt hatte – waren ausschlaggebend dafür, daß sich nun die verschiedenen Elemente eines großen protestantischen Modells herauszubilden begannen. Nach der Ermordung Colignys wurde dessen Plan, Spanien mit Hilfe der Westindischen Inseln zu schlagen, von Duplessis-Mornay und Wilhelm von Oranien weiterverfolgt. Duplessis-Mornays Vorschlag zur Einschränkung der spanischen Vormachtstellung von 1584 zeigt deutlich, daß den Staatsmännern jetzt, wie vorher den Seefahrern, die Bedeutung der Seemacht aufging und sie in globalen Maßstäben zu denken begannen. Wenn die Franzosen Mallorca einnähmen, überlegte Duplessis-Mornay, könnten sie dem spanischen Silber den Weg nach Italien abschneiden. Und wenn sie die Landenge von Panama angriffen, wäre die Silberblockade gewissermaßen schon an der Quelle perfekt. Gleichzeitig bekämen sie so Zugang zum Stillen Ozean und könnten auf diese Weise den gesamten Gewürzhandel des Orients beherrschen.[241]

Doch sosehr sich Hawkins, Oxenham und Drake auch bemühten, ihre ehrgeizigen Ziele waren einfach zu hoch gesteckt; sie ließen sich nicht realisieren. Spaniens Macht in der Neuen Welt war zu fest etabliert, die Silberkonvoys zu gut geschützt, als daß die Hoffnungen der Protestanten, Spanien »auf dem Umweg über die Westindischen Inseln«[242] zu überwinden, während der Regierungszeit Philips II. hätten wahr werden können. Auch war die Idee, Kolonien zu errichten, nur um sie als Angriffsbasis gegen Spanisch-Indien zu gebrauchen, nicht gerade zukunftsträchtig. Wenn schon Kolonien gegründet werden sollten, dann aus anderen, gewichtigeren Gründen und in sicherer Entfernung von den Gebieten, die sich in der Gewalt Spaniens befanden. Trotzdem griff England ab etwa 1580 die spanischen Kolonien in regelmäßigen Abständen an.[243] Vielleicht waren diese Vorstöße in Richtung Atlantik nicht koordiniert genug, um von einer systematischen Offensive reden zu können, aber zumindest gründeten sie sich auf den Konsens, daß das spanische Kolonialimperium auf der wirtschaftlichen Stärke seiner Metropole beruhte. Dieser Konsens ermöglichte es auch, Philip II. zu bestimmten Reaktionen zu provozieren, denn die Armada sollte, um es mit den Worten des königlichen Sekretärs auszudrükken, nicht nur die Niederlande zurückgewinnen, sondern ebenso die Sicherheit der Westindischen Inseln gewährleisten.[244]

Nur langsam und überaus zögernd begann das Interesse an Kolonien und an der Beherrschung der Meere die traditionelleren Ursachen für die Rivalitäten zwischen den Staaten Westeuropas zu überlagern. Gegen Ende des sechzehnten und zu Anfang des siebzehnten Jahrhunderts spielte die Neue Welt in den europäischen Konflikten noch eine Nebenrolle. Daß diese Konflikte jedoch auf den Atlantik und die Karibik, ja sogar auf den Pazifischen Ozean übergriffen, sorgte dafür, daß sich immerfort neue internationale Krisenherde herausbilden konnten.

Erschwerend kam hinzu, daß die Neue Welt Teil der nationalen Mythen wurde. Für die Kastilier war die Entdeckung und Inbesitznahme der Westindischen Inseln ein schlüssiger Beweis mehr dafür, daß sie das auserwählte Volk waren. Was Wunder, daß eine Nation, die sich mit der großen Mission betraut glaubte, den Barbarenvölkern Amerikas die Zivilisation zu bringen, sich auch anmaßte, Maßstäbe für die übrige Menschheit zu setzen? Eine Haltung, die von einer überkommenen und fest im Denken verwurzelten Geschichtsauffassung gestützt war. Im Europa des sechzehnten Jahrhunderts herrschte, zurückgehend auf die frühen Kirchenväter und auf Otto von Freising, die klassische Vorstellung vom schrittweisen Vorrücken der Weltmacht und der Zivilisation von Ost nach West.[245] Für einen spanischen Humanisten wie Pérez de Oliva war dies eindeutig bewiesen. Die Reiche der Perser und der Chaldäer waren nacheinander von denen der Ägypter, der Griechen, der Italiener und der Franzosen und nun eben der Spanier abgelöst worden. Und das spanische Reich bliebe fürderhin der Mittelpunkt der Welt, »begrenzt vom Meer und so wohl beschützt, daß es nicht untergehen kann«.[246] Aber es gab Männer, die sich dessen durchaus nicht so sicher waren. Edward Hayes, der 1583 Sir Humphrey Gilberts letzte Reise schildert, erklärte, es sei Gottes Wille, daß die englische Nation die Länder nördlich Floridas der christlichen Zivilisation einverleibe. Dies werde, so Hayes, durch die Revolution des Evangeliums und des christlichen Glaubens geschehen, der sich von Ost nach West ausgebreitet habe und endlich bis in den Westen vorgedrungen sei, womit er sein Ziel erreicht habe.[247] In den letzten Jahrzehnten des sechzehnten Jahrhunderts war es dann kein Geheimnis mehr, daß die Spanier nicht die einzigen auf der Welt waren, die die Vision einer Mission und eines Reiches im Westen hatten.

So stachelte Amerika also die mit der Behauptung einer gottgewollten Mission sanktionierte Gier nach Reichtum, Handel und Kolonien an und leistete auf diese Weise dem Nationalismus der Staaten des sechzehnten Jahrhunderts Vorschub. Gleichzeitig lieferten bestimmte Vorkommnisse in der Neuen Welt selbst den ideellen Nährboden für nationalen und religiösen Haß. Drakes Greueltaten beeinflußten das Denken und Fühlen der Kastilier ebenso, wie das Massaker von Florida oder die Affäre von San Juan de Ulán das Denken und Fühlen der Menschen im elisabethanischen England beeinflußten. Allerdings lag es in der Natur der Sache, daß die Spanier dem Reichtum weitaus mehr Menschen opferten als ihre Rivalen. Die Schwarze Legende, die in Europa eine lange und durchaus unrühmliche Vorgeschichte hatte, erhielt durch die Bluttaten der Spanier auf den Westindischen Inseln einen neuen und entsetzlichen Glanz. Schon in den frühesten geschichtlichen Darstellungen der Eroberung, beispielsweise in Peter Martyrs *Decadas*, fand sich reichlich Material, um die Eroberer zu verurteilen. Um die Jahrhundertmitte erschienen indes mit Las Casas' *Kurzem Bericht über die Zerstörung der Indien* (in Spanien erstmals 1552 veröffentlicht) und Girolamo Benzonis atemberaubender *Geschichte der Neuen Welt* (Venedig 1565) zwei Werke, die die Taten der Spanier in einem Überblick zusammenfaßten. Diese beiden Bücher lieferten mehr Munition, als selbst die ärgsten Feinde der Spanier sich erhoffen konnten, und sorgten überdies zu einer Zeit, da die Konflikte zwischen Spanien und den nördlichen Mächten einerseits und zwischen Rom und Genf andererseits ihren Höhepunkten zustrebten, für anhaltendes Interesse seitens der europäischen Öffentlichkeit. Benzonis Werk wurde 1578 in Genf in lateinischer Sprache verlegt und erschien ein Jahr später auch in deutscher und französischer Übersetzung. Ebenfalls 1579 kam in Genf ein Bericht über das Massaker von Florida heraus, und Las Casas' Buch erlebte Auflagen in niederländischer und französischer Sprache, um schließlich 1583 auch in englischer Übersetzung zu erscheinen. So machten also Anfang der achtziger Jahre überaus detaillierte Informationen über das Verhalten der Spanier auf den Westindischen Inseln auf dem Kontinent die Runde. Es bedurfte nur mehr der grausigen Illustrationen Théodore de Brys in den neuen Auflagen des Werkes von Las Casas, damit sich die Vorstellung von den Greueltaten der Spanier unauslöschlich in das Bewußtsein der Europäer einprägte.[248]

Hugenotten, Niederländer und Engländer stürzten sich freudig auf Benzonis und Las Casas' Bücher. Prompt führte auch Wilhelm von Oranien in seiner *Apologie* von 1581 die Vernichtung von zwanzig Millionen Indianern als Beweis dafür an, daß es im Wesen der Spanier liege, unaussprechliche Grausamkeiten zu begehen.[249] Einer ideologischen Kriegsführung solchen Ausmaßes hatten die offiziellen spanischen Geschichtsschreiber wenig entgegenzusetzen. So war in den Jahren der europäischen Krise eine Waffe in Anschlag gebracht worden, die den Feinden Spaniens über Generationen hinweg unschätzbare Dienste leisten sollte. Selbst in der Flugschriftenkampagne der Katalanen gegen Olivares' Tyrannenherrschaft während der Erhebung von 1640[250] kamen die Leiden der Indianer vor, und in Barcelona ehrte man Las Casas denn auch 1646 mit der ersten Ausgabe seines Werkes in spanischer Sprache.[251]

Erstmals in der Geschichte Europas wurde das, was ein mächtiges Reich in seinen Kolonien tat, von seinen Feinden systematisch gegen dieses Reich verwendet. Langfristig gesehen, dürften allerdings die Zweifel, die die Spanier selbst am Wert der Westindischen Inseln für ihr Gemeinwesen hegten, ihre Moral nachhaltiger aufgeweicht haben als die krude Propaganda ausländischer Rivalen. Nachdem man das ganze 16. Jahrhundert hindurch Klage geführt hatte über die hohen Preise und die verderblichen moralischen Folgen des plötzlichen Reichtums, entstanden jetzt sachkundige und scharfsinnige Traktate über Wesen und Verwendung dieses Reichtums. Es herrschte weithin Einigkeit darüber, daß Spanien selbst herzlich wenig von dem amerikanischen Silber zu sehen bekam und im Grunde, wie der Spanier Suárez de Figueroa, ein erbitterter Amerika-Gegner, es ausdrückte, das »Westindien der Genueser« sei.[252] Aber gegen das Bestreben der Krone, die amerikanischen Edelmetalle abzuschöpfen[253], gab es heftige Proteste. Der große *Arbitrista* González de Cellorigo bringt das 1600 glänzend zum Ausdruck. »Unser Spanien«, so seine Argumentation, »hat sich auf den Handel mit den Westindischen Inseln konzentriert, der Gold und Silber bringt, und darüber den Handel mit den benachbarten Königreichen vernachlässigt. Und flösse auch alles Gold und Silber, das daselbst gefunden wurde und wird, in unser Land, so wäre es noch immer nicht so reich oder so mächtig, wie es ohnedem sein könnte.«[254] Der wahre Reichtum lag für González in Handel, Landwirtschaft und Industrie sowie in der produktiven Nutzung der Werte. Es gab viele, die ihm darin zustimmten. Ebenfalls 1600 erklärte Luis Valle de la Cerda, der sich für ein System öffentlicher Banken aussprach, ohne solche Banken, die die Entwicklung der Wirtschaft förderten, wären die Westindischen Inseln »nichts als der Ruin für unsere Größe und die alte Herrlichkeit Spaniens«. Die Westindischen Inseln trügen die Schuld daran, daß es auf den Meeren von Schiffen wimmele, die Gold und Silber brächten, das nur die Feinde Spaniens stärke und nähre.[255]

Kastiliens mißliche Lage wurde noch dadurch verschlimmert, daß die Desillusionierung hinsichtlich der Vorteile, die man sich von einem Überseeimperium versprochen hatte, gerade zu der Zeit einsetzte, als das Reich die Lasten, die es sich aufgebürdet hatte, zunehmend schwerer zu tragen vermochte. Die Gründe für den Untergang Spaniens sind ohne Frage vor allem in Spanien selbst zu suchen, nicht zuletzt übrigens in seiner traditionellen Auffassung über die Verwendung des Reichtums, und doch müssen wir diesen Untergang im Zusammenhang mit der gesamten atlantischen Welt sehen.[256] Zwischen 1621 und 1641 begann das spanische Atlantikreich zu zerfallen.[257] Dieser Zerfall erklärt sich teilweise aus dem Rückgang der von den Westindischen Inseln überwiesenen Silberbeträge und des Atlantikhandels der Stadt Sevilla. Dies beides dürfte indes wiederum damit zu tun gehabt haben, daß Spanien nach der vergleichsweise friedlichen Regierungszeit Philips II. abermals in internationale Konflikte verwickelt wurde und die Spanier überdies nicht begriffen hatten, was sich im ausgehenden sechzehnten Jahrhundert klar abzeichnete, daß nämlich, wie Figueroa sagt, der, dem das Meer gehört, auch das Land beherrscht.[258]

Welche Veränderungen seit der Ägide Philips II. vor sich gegangen waren, läßt sich auch daran ablesen, daß die Neue Welt in den zwanziger und dreißiger Jahren des siebzehnten Jahrhunderts zunehmend in die in Europa tobenden Kämpfe hineingezogen wurde. Die letzten Jahre der spanischen Herrschaft waren von einer permanenten Wechselwirkung zwischen dem amerikanischen Geschehen und den europäischen Ereignissen gekennzeichnet. Und schließlich gewannen in dieser Endphase auch die alten europainternen Machtkämpfe eine wahrhaft transatlantische Dimension. Der Atlantikkonflikt wurde von der komplizierten Dreiecksbeziehung zwischen Kastilien, Portugal und den Niederlanden beherrscht. Spaniens Entscheidung, 1621 den Krieg gegen die Vereinigten Provinzen wiederaufzunehmen, beruhte ebensosehr auf der Sorge um seine Interessen in Übersee wie auf seiner verzweifelten Entschlossenheit, eine Rebellion niederzuschlagen, die bereits seit einem halben Jahrhundert angedauert hatte. Das Wiederaufleben des Krieges in Europa, argumentierte man, würde die Niederländer hindern, ihre Aktivitäten in Übersee fortzusetzen, die der spanischen und der portugiesischen Kolonialmacht während der zwölfjährigen Waffenruhe so großen Schaden zugefügt hatten.[259]

Wie schwach dieses Argument war, sollte sich 1624 grausam offenbaren, als die Angriffe der Niederländer, die sich bis dahin auf Westafrika und die portugiesischen Besitzungen im Fernen Osten konzentriert hatten, auf Brasilien umschwenkten. Auf einmal sah sich Olivares vor die dringende Notwendigkeit gestellt, die Holländer aus Bahia zu vertreiben. Seine tiefe Sorge hatte handfeste politische und wirtschaftliche Gründe. Die Entwicklung des portugiesischen Atlantik-Imperiums, das auf einer raschen Expansion der brasilianischen Zuckerindustrie basierte, trug dazu bei, den Verlust wettzumachen, der Spanien daraus entstanden war, daß es seinen Fernosthandel an die Niederländer verloren hatte. Die Portugiesen hatten trotz der angeblichen Stärke der spanischen Monarchie, deren Verbündete sie wider Willen waren, in Ostindien eine Niederlage erlitten. Wenn sie jetzt auch in Brasilien besiegt worden wären, so hätte das das ungeliebte Bündnis Portugals mit der spanischen Krone noch weiter geschwächt. Wenn Olivares also 1625 eine spanisch-portugiesische Streitmacht losschickte, um Bahia zurückzuerobern, so hatte er die innere Ordnung der spanischen Monarchie dabei mindestens ebensosehr im Blick wie den brasilianischen Zucker und die afrikanischen Sklaven.[260]

Nachdem die Pläne der Holländer in Brasilien vereitelt worden waren, mußten sie sich wieder in die Karibik zurückziehen. Dort gelang ihnen 1628 mit der Erbeutung der Silberschiffe durch Piet Heyn ihre spektakulärste Leistung. Der alte Traum von Coligny, Wilhelm von Oranien und Duplessis-Mornay war endlich Wirklichkeit geworden, und das zu einer Zeit, da sich Spanien in höchster Verlegenheit befand. Trat doch der Verlust des heißersehnten Silbers genau in dem Moment ein, als Spanien in den Krieg um die Thronfolge von Mantua hineingezogen wurde. Das zwang Olivares 1629 dazu, eine Million Silberdukaten zu konfiszieren, die für Privatpersonen in Sevilla bestimmt waren.[261] Diese Beschlagnahme untergrub wiederum das Vertrauen der Kaufmannschaft von Sevilla und minderte sowohl ihre Bereitschaft als auch ihre Möglichkeiten, in den Handel mit den Westindischen Inseln zu investieren.

Das Silber, das den Spaniern zur Mitfinanzierung eines erfolgreichen Feldzugs gegen Italien hatte dienen sollen, diente nun im Jahre 1630 den Niederländern zur Finanzierung eines erneuten Überfalls auf Brasilien.[262] Diesmal fehlten Olivares die Mittel, um ein Heer auszurüsten, das stark genug gewesen wäre, sie aus Pernambuco zu vertreiben, ehe sie sich dort festgesetzt hätten. Die Besetzung Nordostbrasiliens durch die Holländer in den dreißiger Jahren des siebzehnten Jahrhunderts hatte ernste Konsequenzen für Spaniens Politik gegenüber den anderen Ländern Europas; angesichts der immensen Gefahr eines Krieges mit Frankreich war Olivares genötigt, seine Bemühungen um eine Übereinkunft mit den Vereinigten Provinzen zu intensivieren. Sein politischer Handlungsspielraum war durch das Brasilien-Problem empfindlich eingeschränkt, denn die Lösung, Brasilien den Niederländern zu überlassen, schied aus wegen der Folgen, die das für seine Beziehungen zu Portugal unweigerlich gehabt hätte.[263]

Angesichts der zunehmenden Spannungen zwischen Kastilien und Portugal in den dreißiger Jahren wäre die portugiesische Reaktion auf einen solchen Schritt zweifellos überaus heftig ausgefallen. Die Tatsache, daß portugiesische Kaufleute erfolgreich im Wirtschaftsleben Spanisch-Indiens Fuß gefaßt hatten und sich ab 1626/1627 auch als Bankiers für die Spanische Krone etablieren konnten, rief in Spanien und Amerika eine Welle antiportugiesischer Gefühle hervor. Die Portugiesen seien noch schlimmer als die Genueser, schrieb Pellicer und zählte ihre Vergehen im einzelnen auf.[264] Die Interessengemeinschaft, die das Bündnis der beiden Königshäuser in den Jahrzehnten nach 1580 halbwegs zusammengehalten hatte, begann also bereits zu bröckeln, bevor der Bruch 1640 offiziell vollzogen wurde. Die Verteidigung der portugiesischen Herrschaft über Brasilien brachte Kastilien auf finanziellem, militärischem und diplomatischem Gebiet zunehmend in Verlegenheit, und gleichzeitig wuchs die Empörung darüber, daß Portugal Kastiliens Schätze in Amerika ausbeutete. Die Portugiesen erkannten ihrerseits, daß sie gerade zu einer Zeit, da ihnen der Verlust ihrer Besitzungen in Brasilien drohte, in Spanisch-Amerika immer weniger erwünscht waren. Viele von ihnen dürften nicht zu Unrecht das Gefühl gehabt haben, daß sie, wenn sie sich auf sich selbst verließen, kaum schlimmer dran sein konnten, als wenn sie weiterhin auf die Unterstützung Kastiliens bauten. Manche lockte sicherlich auch die Aussicht auf ein unabhängiges portugiesisches Atlantik-Imperium mit Afrika und Brasilien als Grundlagen, welches das untergehende ablösen könnte, dessen Stützpfeiler die Westindischen Inseln und Sevilla waren.

1639/1640 erreichte die Wechselwirkung zwischen der Alten und der Neuen Welt einen Höhepunkt, der der spanischen Monarchie als großer Weltmacht den letzten vernichtenden Schlag versetzte. Die finanzielle Belastung, die der Krieg gegen Frankreich mit sich brachte, zwang Olivares dazu, wiederholt in das Geschäftsleben Sevillas einzugreifen. Das führte 1639 dazu, daß der Handel mit den Westindischen Inseln buchstäblich zum Erliegen kam. Der Niederlage in der Seeschlacht bei den Downs im Oktober 1639 folgte im Januar 1640 die Niederlage in der Seeschlacht vor Brasilien. Es lag auf der Hand, daß Spanien damit seine Herrschaft über die Meere verloren hatte, und während des ganzen Jahres 1640 trafen keine Silberschiffe mehr in Sevilla ein. Im Frühjahr 1646 erhoben sich die Katalanen; im August erlitten die spanischen Armeen, denen es an Geld fehlte, in Flandern weitere Niederlagen; im Dezember erklärte sich Portugal unabhängig. Durch den Zerfall der spanischen Herrschaft in Nordamerika wie auch auf der Iberischen Halbinsel selbst stand die Karibik den Engländern, Franzosen und Niederländern offen.

So war also um 1640 nach eineinhalb Jahrhunderten hartnäckigen Widerstandes die spanische Alleinherrschaft über die Neue Welt ein für allemal beendet. Aber hatten die iberischen Mächte eigentlich jemals ein Recht auf eine derartige Monopolstellung gehabt? Beruhte ihr Anspruch auf päpstlichen Schenkungen, so konnten Frankreich und England die berechtigte Frage stellen, wer denn den Päpsten das Recht gegeben hatte, die Welt in dieser Weise aufzuteilen. Als François I. den kaiserlichen Gesandten 1540 aufforderte, ihm Adams Testament zu zeigen, war das durchaus nicht nur impertinent vorgetragene Polemik.[265] Die Entdeckung und Eroberung Amerikas hatte für die Europäer neue, schwierige Probleme aufgeworfen, vor allem das Problem, welchem Staat es von Rechts wegen zukam, Ansprüche auf die neuentdeckten Gebiete geltend zu machen. François I. brachte das durchaus vernünftige Argument vor, daß die Sonne genauso für ihn scheine wie für irgendwen sonst, daß die Meere allen offenstünden und daß derjenige das Land besitzen solle, der sich tatsächlich darin aufhalte. Das stand in Spanien jedoch nicht zur Debatte. In den Friedensverträgen von Cateau-Cambrésis und Vervins ließ man die Neue Welt außer acht, obwohl sich der 1559 geschlossene Friede von Cateau-Cambrésis einer mündlichen Übereinkunft zufolge nicht auf die außereuropäischen Gewässer (oder, wie spätere Generationen es ausdrückten, auf die Gewässer »jenseits der Linie«) erstreckte.[266]

So war ganze einhundert Jahre nach der Entdeckung noch immer kein wirklicher Fortschritt bei der Integration der Neuen Welt in das fest etablierte Gefüge der internationalen Beziehungen erreicht worden. Dies wurde aber immer dringlicher, je deutlicher sich abzeichnete, daß es in Amerika riesige Gebiete gab, die Spanien weder kolonisieren noch verteidigen konnte. Und da Spanien seinen Anspruch auf Alleinherrschaft im siebzehnten Jahrhundert nicht mehr zu behaupten vermochte, mußte es mit der Zeit *de facto* akzeptieren, daß die tatsächliche Präsenz für einen Rechtsanspruch auf den Besitz überseeischer Territorien ausreichend war. Daß Spanien diese Tatsache im 1648 geschlossenen Vertrag von Münster noch stillschweigend, 1670 im Madrider Vertrag mit England dann auch explizit akzeptieren mußte[267], war nach seiner militärischen Niederlage unausweichlich.

Absurderweise hatten die Spanier jedoch das Argument der päpstlichen Schenkung, mit dem sie ihre Alleinherrschaft theoretisch rechtfertigten, schon längst selber in Frage gestellt. Vitoria, Suárez und andere führende spanische Scholastiker hatten die Doktrin der unmittelbaren päpstlichen Macht zurückgewiesen und damit die Moral ihrer Landsleute empfindlich geschwächt. Die Argumente, die sie statt dessen vorbrachten, konnten das nur bedingt wiedergutmachen.[268] So war zum Beispiel nicht ganz einsichtig, weshalb Vitoria einerseits verkündete, es sei das natürliche Recht des Menschen, mit allen Teilen der Welt Handel zu treiben und sich in allen niederzulassen, um dieses Recht dann anderen Nationen von dem Moment an, da die Spanier es auf den Westindischen Inseln ausübten, abzusprechen. Was Wunder, daß die Spanier, übrigens genau wie ihre Widersacher, wenn sie sich überhaupt auf Diskussionen einließen, zunehmend darauf pochten, daß sie diejenigen waren, die die Neue Welt als erste entdeckt und erobert hatten.

Doch die gleichen Gelehrten, die die These von der päpstlichen Schenkung angefochten hatten, waren jetzt dabei, ein neues Rechtssystem auszuarbeiten, in dem endlich auch die Problematik der internationalen Rechte geklärt werden sollte. Vitoria hatte auf der Autonomie aller Völker der Welt, selbst der heidnischen, bestanden und dies mit der Existenz einer internationalen Gemeinschaft, einer Weltrepublik, begründet. Suárez hatte erklärt, diese Gemeinschaft sei eine Gemeinschaft von Staaten, deren Beziehungen untereinander durch das *Jus gentium* geregelt werden müßten.[269] Alfonso de Castro stellte um 1550 fest, nach dem Völkerrecht müßten die Meere allen zur Verfügung stehen.[270] Diese Ideen, die von Grotius neu formuliert und bekräftigt wurden, stellten ein rechtliches und theoretisches Grundgerüst für die Praxis der internationalen Beziehungen dar – ein Gerüst, das auf die verzwickten Fragen des Handelsrechts und der Besiedlung Amerikas bis zu einem gewissen Grade Antwort gab. So wurde die Neue Welt im Verlauf des siebzehnten Jahrhunderts in das für ein Europa unabhängiger Staaten entworfene Rechtssystem integriert.

Um die Mitte des siebzehnten Jahrhunderts waren die Westindischen Inseln dann bereits mehr als nur Tummelplatz für Missionare und juristisches wie territoriales Leibgedinge der Königreiche Kastilien und Portugal. Immer stärker waren sie im Verlauf der vorangegangenen hundert Jahre Teil des politischen, diplomatischen und wirtschaftlichen Systems des Europa der frühen Neuzeit geworden, und auch im europäischen Denken hatten sie sich mit der Zeit einen Platz erobert. »Es gibt nur eine Welt«, schreibt Inca Garcilaso, »und wenn wir auch von der Alten und der Neuen Welt sprechen, so bedeutet das nur, daß die letztere jüngst von uns entdeckt worden ist, nicht aber, daß es ihrer zwei gibt.«[271]

Diese Welt mußte zwangsläufig eine vorherrschend europäische sein, in der Besitzungen in Übersee als wichtige Anhängsel Europas betrachtet wurden, die die militärische und wirtschaftliche Macht seiner rivalisierenden Nationalstaaten stärkten. Die Eroberung Amerikas war eine entscheidende Etappe auf diesem Weg, verhalf sie Europa doch zu neuem Vertrauen in die eigenen Fähigkeiten, neuen Territorien und Einnahmequellen sowie zu neuer, tieferer Einsicht in die komplizierten Zusammenhänge von Reichtum, Bevölkerung und Handel als Grundlagen nationaler Stärke. Wenn die Europäer über die Eroberung und ihre Folgen nachdachten, kamen ihnen mitunter auch Zweifel. So fragte sich Ronsard im nostalgischen Rückblick auf das Goldene Zeitalter primitiver Unschuld, ob die brasilianischen Indianer es nicht vielleicht eines Tages bedauern würden, daß Villegaignon ihnen die Wohltaten der Zivilisation gebracht habe.[272] Montaigne begriff nach der Lektüre von Gómaras *Historia* plötzlich das ganze Grauen der Eroberung: »Zerstörte Städte, ausgerottete Völker, Millionen erschlagener Menschen, völliger Umsturz im reichsten und schönsten Weltteil, nur weil man Perlen und Pfeffer einheimsen wollte . . .«[273] Selbst La Popelinière, ein heftiger Befürworter der Kolonisierung, kam einen verräterischen Augenblick lang ins Zögern, als er erkannte, daß die Europäer Leben, Besitztümer, Ehre und Gewissen aufs Spiel gesetzt hatten, »um Menschen in ihrer Muße aufzustören, die als unsere Brüder in dem großen Weltenhaus weiter nichts begehrten, als den Rest ihrer Tage in Ruhe und Zufriedenheit zu leben«.[274]

Doch sorgte die feste Überzeugung von der Überlegenheit des Christentums dafür, daß Zweifel und Gewissensbisse nicht überhandnahmen. Ein Europa, in dem der Glaube, daß der Mensch von Geburt sündig sei, gerade erst wieder Fuß gefaßt hatte und das zunehmend erkannte, daß es eines starken Staatsapparates bedurfte, um aufmüpfige Elemente in Schach zu halten, war wenig geneigt, die Tugenden primitiver Gesellschaften zu idealisieren. Und nachdem die Generation der Humanisten das Zeitliche gesegnet hatte, war von dem Amerika des Goldenen Zeitalters nicht mehr viel übrig. Das Europa der Gegenreformation und des Dreißigjährigen Krieges hielt sich eher an die Tugenden der ordentlich durchorganisierten Gemeinwesen der Azteken und der Inkas. Doch auch für sie fand man kaum lobende Worte, und wenn doch, dann zumeist mit nörgelndem Unterton. Acosta meinte, die amerikanischen Reiche seien »vielen unserer Republiken« in mancher Hinsicht überlegen.[275] Und Botero, der seinen Acosta gelesen hatte, bewunderte die Leistungen Mexikos und Perus, allerdings nur auf den Gebieten, wo sie denen Europas am ähnlichsten waren.[276]

Die Neue Welt war jetzt also offenbar akzeptiert und integriert – integriert in ein Europa, das nach seinen Triumphen über die islamischen Völker des Ostens und die Heidenvölker des Westens arrogant und selbstgefällig geworden war. Materiell hatte Amerika ihm große Gewinne eingebracht; auf geistigem Gebiet war dies weniger der Fall. Doch selbst dort hatte es den Erfahrungsschatz bereichert, und das hatte Europa verändert. Zwischen 1492 und 1650 lernten die Europäer einen Teil der sie umgebenden Welt – und mehr noch sich selbst – besser kennen. Es ist eine Ironie der Geschichte, daß gerade das Ausmaß und die Totalität ihrer Erfolge in Übersee die Wirkung dieser Erkenntnisse abschwächten. Diese Erfolge befriedigten die Eitelkeit Europas oder wenigstens des offiziellen Europa souveräner Nationalstaaten, das großen Wert auf politische und soziale Stabilität und Konformität legte. Ein solches Europa konnte natürlich für neue Eindrücke und Erfahrungen nicht übermäßig empfänglich sein.

Aber es gab noch ein anderes Europa, ein kritisches, für das die Möglichkeiten der Neuen Welt, die sich so unerwartet jenseits des Atlantiks aufgetan hatte, keineswegs schon erschöpft waren. Diesem Europa galt die Freiheit mehr als die Macht, die Gleichheit mehr als die Hierarchie, und es wollte lieber forschen als Dinge einfach nur hinnehmen. Diesem Europa war Amerika, wie schon den Humanisten, ein Quell der Inspiration und der Hoffnung. Denn Amerika nährte nicht nur Europas Ambitionen; es hielt auch seine Träume lebendig. Und wäre es nicht möglich, daß in den Beziehungen zwischen der Alten und der Neuen Welt die Träume mehr zählten als die Wirklichkeit?

Anmerkungen

Vorwort

1 Die Materialien dieser Konferenz wurden veröffentlicht in: *First Images of America*, hg. von Fredi Chaiappelli, 2 Bde., Berkeley 1976
2 Hg. von John Alden und Dennis C. Landis, New York 1980
3 Zu einer höchst anregenden Diskussion dieser allgemeinen Thematik siehe: Michael T. Ryan, »Assimilating New Worlds in the Sixteenth and Seventeenth Centuries«, in: *Comparative Studies in Society and History*, Bd. 23, 1981, S. 519–538
4 Cambridge 1982, überarbeitete Auflage 1986

Der ungeklärte Einfluß

5 Cornelius De Pauw, »Recherches Philosophiques sur les Américains«, in: *Œuvres Philosophiques*, Paris 1974, Bd. 1. S. II, 1. Auflage 1768
6 Englische Übersetzung Dublin 1776, S. I., I. Das französische Original erschien 1770
7 Adam Smith, *Eine Untersuchung über das Wesen und die Ursachen des Reichtums der Nationen*, hg. und übersetzt von Peter Thal, Berlin 1975, Bd. 2, S. 432
8 Zu Raynals Essay-Preis siehe Durand Echeverria, *Mirage in the West*, 1957, Reprint Princeton 1968, S. 173, wo die Titel der erhalten gebliebenen Essays aufgeführt sind. Siehe auch A. Feugère, L'Abbé Raynal Angoulême 1922, S. 343–346
9 *Discours composé en 1788, qui a remporté le prix sur la question: quelle a été l'influence de l'Amérique sur la politique, le commerce, et les mœurs de l'Europe?* Paris 1792, S. 8, 77 f.
10 Zur Diskussion im 18. Jahrhundert siehe insbesondere A. Gerbi, *La Disputa del Nuovo Mondo*, Mailand 1955; spanische Übersetzung *La Disputa del Nuevo Mundo*, Mexico 1960
11 *L'Exotisme Américain dans la Littérature Française au XVIe Siècle*, Paris 1911; *L'Amérique et le Rêve Exotique dans la Littérature Française au XVIIe et au XVIIIe Siècle*, Paris 1913
12 *Les Nouveaux Horizons de la Renaissance Française*, Paris 1935
13 Siehe Anm. 5
14 Edmundo O'Gorman, *The Invention of America*, Bloomington 1961
15 Alexander von Humboldt, *Kosmos*, hg. von Hanno Beck, Stuttgart 1978, S. 402
16 Margaret Hodgen, *Early Anthropology in the Sixteenth and Seventeenth Centuries*, Philadelphia 1964
17 J. R. Hale, *Renaissance Exploration*, BBC Publications, London 1968, S. 104
18 *Les Œuvres d'Etienne Pasquier*, Bd. 2, Amsterdam 1723, 3. Buch, 3. Brief, S. 55
19 *Epistolario de Pedro Mártir de Angleria*, hg. von José López de Toro, Documentos Inéditos para la Historia de España, Bd. 9–12, Madrid 1953–1957, Bd. 9, Brief 133, S. 242
20 Über die Verbreitung der Nachrichten über Kolumbus' erste Reise siehe: S. E. Morison, *Christopher Columbus, Mariner*, London 1956, S. 108; Charles Verlinden und Florentino Pérez-Embid, *Cristóbal Colón y el Descubrimiento de América*, Madrid 1967, S. 91–94; Howard Mumford Jones, *O Strange New World*, New York 1964, S. 1 f.
21 Über Montalboddo und Ramusio siehe: D. B. Quinn, »Exploration and the Expansion of Europe«, in: *Rapports of the XIIth International Congress of Historical Sciences*, Wien 1965, S. 45–59; G. B. Parks, *The Contents and Sources of Ramusio's Navigationi*, New York 1955. Eine interessante Diskussion zur Verbreitung der Nachrichten über die

Entdeckungen findet sich in: *Les Aspects Internationaux de la Découverte Océanique aux XVe et XVIe Siècles*, Actes du Cinquième Colloque International d'Histoire Maritime, hg. von M. Mollat und P. Adam, Paris 1966

22 *Storia d'Italia*, hg. von C. Panigada, Bari 1929, Bd. 2, S. 131 (4. Buch, 9. Kapitel)

23 Diesen und andere Hinweise auf Amerika in Vives' Werken verdanke ich Dr. Abdón Salazar vom Department of Spanish am Londoner King's College

24 Zitiert nach Elisabeth Feist Hirsch, *Damião de Gois*, Den Haag 1967, S. 103. Siehe auch Louis Le Roy, *De la Vicissitude ou Variété des Choses en l'Univers*, 3. Aufl., Paris 1579, Folios 98–99 V.

25 Francisco López de Gómara, *Primera Parte de la Historia General de las Indias*, Biblioteca des Autores Españoles, Bd. 22, Madrid 1852, S. 156

26 Siehe jedoch den wertvollen, richtungweisenden Essay von Leicester Bradner, »Columbus in Sixteenth Century Poetry«, in: *Essays Honoring Lawrence C. Wroth*, Portland, Maine, 1951, S. 15–30

27 Cesare de Lollis, *Cristoforo Colombo nella Leggenda e nella Storia*, 3. Aufl., Rom 1923, S. 313

28 *Vida del Almirante Don Cristóbal Colón*, hg. von Ramon Iglesia, Mexico 1947. Daß diese Biographie von Hernando Colón stammt, bestritt Alexandre Cioranescu in seinem in dem Sammelband *La Découverte de l'Amérique* veröffentlichten Aufsatz »Christophe Colomb: Les Sources de sa Biographie«; der Sammelband enthält die Materialien der 1966 in Tours abgehaltenen 10. Weltkonferenz für Humanistische Studien und ist 1968 in Paris erschienen.

29 *The Works of Francis Bacon*, hg. von J. Spedding, Bd. 3, London 1857, S. 165 f.; Girolamo Benzoni, *History of the New World*, Hakluyt Society, 1. Folge, Bd. 21, London 1857, S. 35; G. B. Ramusio, *Terzo Volume delle Navigationi et Viaggi*, Venedig 1556, f. 5; Gonzalo Fernández de Oviedo, *Historia General y Natural de las Indias*, Biblioteca de Autores Españoles, Bd. 117–121, Madrid 1959, I, 167

30 *Les Nouveaux Horizons*, S. 10 ff.

31 Über die Literatur zu den Entdeckungen im allgemeinen siehe: Boies Penrose, *Travel and Discovery in the Renaissance, 1420–1620*, Cambridge, Mass., 1960, 17. Kapitel und Bibliographie. Über den Einfluß auf die Literatur in England siehe: R. R. Cawley, *Unpathed Waters: Studies in the Influence of Voyages on Elizabethan Literature*, Oxford 1940; A. L. Rowse, *The Elizabethans and America*, London 1959, 8. Kapitel. Über Italien siehe: Rosario Romeo, *Le Scoperte Americane nella Coscienza Italiana del Cinquecento*, Mailand, Neapel 1954. Über Spanien siehe: Valentín de Pedro, *América en las Letras Españas del Siglo de Oro*, Buenos Aires 1954; Marcos A. Morínigo, América en el Teatro de Lope de Vega, Buenos Aires 1946

32 Janusz Tazbir, »La Conquête de l'Amérique à la Lumière de l'Opinion Polonaise«, in: *Acta Poloniae Historica*, Bd. XVII (1968), 5–22

33 Pierre Villey, *Les Livres d'Histoire Moderne Utilisés par Montaigne*, Paris 1908, S. 77; Gilbert Chinard, *L'Exotisme Américain*, C. IX

34 Über die Renaissance-Literatur im allgemeinen siehe: François de Dainville, *La Géographie des Humanistes*, Paris 1940. Ein faszinierendes Beispiel dafür, wie groß das Desinteresse an der Neuen Welt in der geographischen Ausbildung in Nürnberg im sechzehnten Jahrhundert war, gibt E. P. Goldschmidt, »Not in Harisse«, in: *Essays Honoring Lawrence Wroth*, S. 129–141

35 Siehe R. W. Southern, *West Views of Islam in the Middle Ages*, Cambridge, Mass., 1962

36 In: D. Phillips, *Religion and Understanding*, Oxford 1967, S. 30

37 *Historia de la Invención de las Yndias*, Bogotá 1965, S. 53 f.

38 Zit. nach R. W. Southern, *Western Views of Islam*, 1. Kapitel

39 Diese Frage wird erörtert von John Hale, »A World Elsewhere«, in: *The Age of the Renaissance*, hg. von Denis Hay, London 1967, S. 339

40 Ich danke Dr. Peter Burke von der Universität Sussex dafür, daß er mich auf gegenteilige Beispiele der Akzeptanz bzw. der Ablehnung von Veränderungen bei den Stämmen der Ibo und der Pakot hingewiesen hat, die von W. R. Bascom und M. J. Herskovits in ihrem 1959 in Chicago erschienenen Buch *Continuity and Change in African Cultures* beschreiben.

41 Edward Schafer, *The Vermilion Bird*, Berkeley 1967. Ich danke Professor J. H. Plumb, der mich auf dieses Buch aufmerksam gemacht hat.

42 S. 42
43 Alexander von Humboldt, *Kosmos*, a.a.O., S. 414
44 *Crónicas Peruanas de Interés Indigena*, hg. von F. Esteve Barba, Biblioteca de Autores Españoles, Bd. 209, Madrid 1968, S. 7
45 Hernán Cortés, *Cartas y Documentos*, hg. von Mario Hernández Sánchez-Barba, Mexico 1963, S. 73, 166
46 Über die Reise von 1524 siehe: *Les Français en Amérique pendant la Première Moitié du XVIe Siècle*, hg. von C. A. Julien, R. Herval und T. Beauchesne, Paris 1946, S. 51–76
47 *Histoire d'un Voyage fait en la Terre du Brésil*, La Rochelle 1578, S. 170 ff.
48 *The Roanoke Voyages, 1584–1590*, hg. von D. B. Quinn, Hakluyt Society, 2. Folge, Bd. 104–105, London 1955, S. I, 94–95
49 Siehe insbesondere: L. Olschki, »What Columbus Saw on Landing in the West Indies«, in: *Proceedings of the American Philosophical Society*, 84, 1941, S. 633–659
50 *Libro de la Vida y Costumbres de Don Alonso Enríquez de Guzmán*, hg. von Hayward Keniston, Biblioteca de Autores Españoles, Bd. 126, Madrid 1960, S. 137
51 Zit. nach: M. Jiménez de la Espada, *Relaciones Geográficas de Indias. Perú*, 2. Aufl., Biblioteca de Autores Españoles. Bd. 183–185, Madrid 1965, I, II
52 *Les Français en Amérique*, a.a.O., S. 64. Über Verrazanos Hintergrund und Erziehung siehe: J. Habert, »Jean de Verrazane: état de la question«, in: *La Découverte de l'Amérique*, a.a.O., S. 51–59
53 *Summa de Tratos y Contratos*, Sevilla 1571, S. 91
54 Fernándes de Oviedo, *Historia General y Natural de las Indias*, Bd. I, 158, 175; Bd. II, 7
55 Bartolomé de Las Casas, *Apologética Historia Sumaria*, hg. von Edmundo O'Gorman, 2 Bde., Mexico 1967, Bd. I, S. 16
56 Sir Walter Raleigh, *The Discoverie of the Large, Rich and Bewtiful Empyre of Guiana*, London 1596, S. 45
57 *Voyage fait en la Terre du Brésil*, a.a.O., S. 176, 119 f., 127
58 Über White siehe die vorzügliche Ausgabe von *The American Drawings of John White* von Paul Hulton und D. B. Quinn, 2 Bde., London 1964. Über Posts Karriere als Maler und die von ihm verwendeten Techniken siehe: Erik Larsen, *Frans Post*, Amsterdam, Rio de Janeiro 1962
59 Mumford Jones, *O Strange New World*, a.a.O., S. 28–32; Atkinson, *Les Nouveaux Horizons*, a.a.O., S. 6; Hans Staden, *The True History of his Captivity*, hg. von M. Letts, London 1928, S. XVII
60 Brief über die erste Reise, in: *The Journal of Christopher Columbus*, übers. von Cecil Jane, hg. von L. Vigneras, London 1960, S. 200. Über die Objektivität und den Realismus, mit denen Kolumbus die Bewohner der Karibischen Inseln beobachtete, siehe: Olschki, *What Columbus Saw*, und Magaret Hodgen, *Early Anthropology*, a.a.O., S. 17–20
61 L. Olschki, *Storia Letteraria delle Scoperte Geografiche*, Florenz 1937, S. 39 f.
62 Siehe: Richard Bernheimer, *Wild Men in the Middle Ages*, Cambridge, Mass., 1952
63 Über urchristliches Gedankengut und Utopismus siehe insbesondere: H. Baudet, *Paradise on Earth*, New Haven, London 1965, S. 34 f.
64 M. Bataillon, »Novo Mundo e fim do Mundo«, in: *Revista de História*, Nr. 18, São Paulo 1954, S. 343–351; Charles L. Sanford, *The Quest for Paradise. Europe and the American Moral Imagination*, Urbana, Ill., 1961, S. 38 ff.; J. A. Maravall, »La Utopia politico-religiosa de los Franciscanos en Nueva España«, in: *Estudios Americanos*, Bd. I, 1949, S. 199–227
65 Peter Martyr, *Decades*, 1555 übers. von Richard Eden, in: *The First Three English Books on America*, hg. von Edward Arber, Birmingham 1885, S. 71
66 *Invención de las Yndias*, a.a.O., S. 94 f., 104–110. Siehe auch L. Olschki, »Hernán Pérez de Olivas Ystoria de Colón«, in: *Hispanic American Historical Review*, Bd. XXIII, 1943, S. 165–196
67 Antonio de Guevara, *El Villano del Danubio y otros Fragmentos*, hg. von Américo Castro, Princeton 1945
68 Silvio Zavala, *Sir Thomas More in New Spain*, Hispanic and Luso-Brazilian Councils, London 1955; F. B. Warren, *Vasco de Quiroga and his Pueblo-Hospitals of Santa Fe*, Academy of American Franciscan History, Washington 1963

69 Siehe Anm. 36
70 *Storia d'Italia*, a.a.O., Bd. II, S. 132 (6. Buch, 9. Kapitel)
71 Dies ist einer der Punkte, auf die John H. Rowe hinweist in seinem Aufsatz »Ethnography and Ethnology in the Sixteenth Century«, in: *The Kroeber Anthropological Society Papers*, Nr. 30, 1964, S. 1–19. Diesen Aufsatz fand ich bei der Arbeit an diesem Kapitel in mehr als einer Hinsicht überaus hilfreich.
72 *Origen de los Indios del Nuevo Mundo y Indias Occidentales*, Valenzia 1607, S. 17–21
73 Cortés, *Cartas y Documentos*, a.a.O., S. 202, 478
74 José de Acosta, *Historia Natural y Moral de las Indias*, hg. von Edmundo O'Gorman, 2. Aufl., Mexico 1962, S. 112
75 Edward Schafer, *The Vermilion Bird*, a.a.O., S. 115
76 Über die Konzeption einer vorherbestimmten Welt im europäischen Denken siehe: Clarence J. Glacken, *Traces on the Rhodian Shore*, Berkeley 1967
77 Fernández de Oviedo, *Historia General y Natural de las Indias*, a.a.O., Bd. I, S. 53
78 Zu den von Oviedo eingestandenen Anleihen bei Plinius siehe z. B.: Fernándes de Oviedo, *Historia General y Natural de las Indias*, a.a.O., Bd. II, S. 56
79 Nicole Dacos, »Présents Américains à la Renaissance. L'Assimilation de l'Exotisme«, in: *Gazette des Beaux Arts*, 6. Folge, LXXIII, 1969, S. 57–64
80 Englische Übersetzung von Benjamin Keen, *The Lords of New Spain*, London 1965
81 *Apologética Historia*, II, 262
82 *Historia de las Indias de Nueva España*, hg. von José F. Ramírez, 2. Aufl., Mexico 1951, Bd. II, S. 71
83 José de Acosta, *Historia Natural y Moral de las Indias*, a.a.O., S. 278
84 Fernándes de Oviedo, *Historia General y Natural de las Indias*, a.a.O., Bd. II, S. 29
85 *Apologética Historia*, II, 354
86 *Crónicas Peruanas*, hg. von F. Esteve Barba, S. X
87 Juan de Tovar, *Historia de la Venida de los Yndios a poblar y Mexico de las partes remotas de Occidente* (c. 1583). Eine Ausgabe des Manuskripts in der John Carter Brown Library, Providence, Rhode Island, befindet sich in Vorbereitung. Die Korrespondenz zwischen Tovar und Acosta ist abgedruckt als Dokument Nr. 65 in: Joaquín García Icazbalceta, *Don Fray Juan de Zumárraga*, 1881, Neuauflage Mexico 1947, IV, 89–93
88 Fernándes de Oviedo, *Historia General y Natural de las Indias*, a.a.O., Bd. I, S. 114 f.
89 A. D. Momigliano, »The Place of Herodotus in the History of Historiography«, in: *History*, Bd. 43, 1958, 1–13
90 Bernardo Aldrete, *Del Origen y Principio de la Lengua Castellana*, Rom 1606, S. 144; José Durand, »Dos Notas sobre el Inca Garcilaso«, in: *Nueva Revista de Filologá Hispánica*, Bd. III, 1949, S. 278 ff.; Eugenio Asensio, »Dos Cartas Desconocidas des Inca Garcilaso«, ebenda, Bd. VII, 1953, S. 583–593
91 Über Ovando und die Frage der *Relaciones* insgesamt siehe die ausführliche Einleitung (1881, Reprint in Biblioteca de Autores Españoles, 1965, mit einer weiterführenden kritischen Erörterung von José Urbano Martínez Carreras) von Jiménez de la Espada zu den *Relaciones Geográficas de las Indias. Perú.* Siehe auch: Howard F. Cline, »The Relationes Geograficas of the Spanish Indies, 1577–1586«, in: *Hispanic American Historical Review*, XLIV, 1964, 341–374, mit einer vollständigen englischen Übersetzung des gedruckten Fragebogens von 1577.
92 Über das Problem der Klassifizierung und der Methode im Denken des sechzehnten Jahrhunderts siehe: Emile Callot, *La Renaissance des Sciences de la Vie au XVIe Siècle*, Paris 1951
93 Fernándes de Oviedo, *Historia General y Natural de las Indias*, a.a.O., Bd. II, S. 35
94 Mario Cermentati, »Ulisse Aldrovandi e l'America«, in: *Annali di Botanica*, Bd. 4, 1906, S. 313–366
95 Über die Westindien-Chronik siehe: Rómulo D. Carbia, *La Crónica Oficial de las Indias Occidentales*, Buenos Aires 1940
96 *Geografia y Descripción Universal de las Indias*, hg. von Justo Zaragoza, Madrid 1894. Über Velasco siehe auch: Carbia, S. 114 ff. und Gonzalo Menéndez-Pidal, *Imagen del Mundo Hacia 1570*, Madrid 1944, S. 13 ff.
97 José de Acosta, *Historia Natural y Moral de las Indias*, a.a.O., S. 13. Edmundo

O'Gormans Einleitung zu seiner Ausgabe des Buches von Acosta gibt einen glänzenden Überblick über die Intentionen und die Leistungen des Autors.
98 Zit. nach: Joaquim de Carvalho, *Estudos sobre a cultura portugesa do século XVI*, I, Coimbra 1947, S. 42
99 Die Belege dafür sind zusammengefaßt im V. Anhang von O'Gormans Ausgabe der *Apologética Historia*.
100 Fernándes de Oviedo, *Historia General y Natural de las Indias*, a.a.O., Bd. II, S. 86
101 Thomas Goldstein, »Geography in Fifteenth-century Florence«, in: *Merchants and Scholars*, hg. von John Parker, Minneapolis 1965, S. 25
102 Fernándes de Oviedo, *Historia General y Natural de las Indias*, a.a.O., Bd. I, S. 39
103 Ebenda, S. 78–82; *Apologética Historia*, Bd. I, S. 95–103
104 José de Acosta, *Historia Natural y Moral des las Indias*, a.a.O., S. 203
105 Ebenda, S. 319
106 John H. Rowe, *Ethnography and Ethnology*, a.a.O.
107 Bernheimer, *Wild Men*, siehe besonders S. 5–12, 102
108 *Select Documents illustrating the Four Voyages of Columbus*, hg. von Cecil Jane, Hakluyt Society, 2. Folge, Bd. 65, London 1930, Bd. I, S. 71
109 Lewis Hanke, »Pope Paul III and the American Indians«, in: *Harvard Theological Review*, Bd. XXX, 1937, S. 65–102. Siehe: Derselbe, *Aristotle and the American Indians*, London 1959, S. 23 f., und die dortigen Hinweise auf die Bedeutung des Wortes *bestia*.
110 Fernándes de Oviedo, *Historia General y Natural de las Indias*, a.a.O., Bd. II, S. 115
111 *Voyage fait en la Terre du Brésil*, S. 278
112 Hodgen, *Early Anthropology*, S. 214. Unterschiede in der Hautfarbe wurden der Dauer der Sonneneinstrahlung zugeschrieben. Mit Schwarz verbanden sich jedoch gewisse negative Assoziationen, wenigstens für den Engländer des sechzehnten Jahrhunderts. Siehe: Winthorpe D. Jordan, *White Over Black*, Chapel Hill 1968, 1. Kapitel.
113 Fernándes de Oviedo, *Historia General y Natural de las Indias*, a.a.O., Bd. I, S. III; Josefina Zoraida Vázquez, »El Indio americano y su sircunstancia en la obra de Fernándes de Oviedo«, in: *Revista de Indias*, año XVII, Nr. 69–70, 1957, 483–519
114 *Parecer de un hombre docto ... cerca del servicio personal de los indios ... presentado a la magestad católica por don Alonso de Oñate ...*, Madrid 1600, F. 4. Gedruckte Denkschrift (11 Folios) in der John Carter Brown Library, Providence.
115 Brief von Francisco de Vitoria an Padre Arcos vom 8. November 1534, in: Vitorias, *Relectio de Indis*, hg. von L. Pereña und J. M. Pérez Prendes, Madrid 1967, S. 137
116 Über die Begriffe »zivil« und »Zivilisation« siehe: Rowe, *Ethnography and Ethnology* und C. Vivanti, »Alle origini dell' idea di civiltà: le scoperte geografiche e gli scritti di Henri de la Popelinière«, in: *Rivista Storica Italiana*, Bd. LXXIV, 1962, S. 225–49
117 *Samma de Tratos*, S. 102
118 Las Casas, *Apologética Historia*, II, 531; Juan Ginés de Sepúlveda, *Demócrates Segundo*, hg. von Angel Losada, Madrid 1951, S. 36
119 *De Yndis*, Übers. von J. B. Scott, *The Spanish Origin of International Law*, Teil I, Oxford 1934, Appendix A, S. XIII
120 Ebenda.
121 »De Potestate Civili«, in: *Obras de Francisco de Vitoria*, hg. von Teófilo Urdánoz, Biblioteca de Autores Cristianos, Bd. 198, Madrid 1960, S. 191
122 Übers. Keen, Rutgers, 1963; London 1965, S. 170–173
123 Michel de Montaigne, *Die Essais*, Leipzig 1953, S. 117 f.
124 *Apologética Historia*, Bd. I, S. 248, 257
125 Ebenda, Bd. II, S. 637–654
126 Übers. und hg. von Francisco Mateos, Madrid 1952, S. 46 ff.
127 Über die Frage der kulturellen Verschiedenheit siehe: Hodgen, *Early Anthropology*, 6. Kapitel; Rowe, *Ethnography and Ethnology*; Glacken, *Traces on the Rhodian Shore*, Teil 3, 9. Kapitel
128 Don Cameron Allen, »The Legend of Noah«, in: *Illinois Studies in Language and Literature*, Bd. XXXIII, Nr. 3–4, Urbana, Illinois, 1949
129 José de Acosta, *Historia Natural y Moral des las Indias*, a.a.O., S. 323 f., 63 f.
130 *Apologética Historia*, I, 260, 546
131 Siehe: T. D. Kendrick, *British Antiquity*, London 1950, S. 123 ff. Dr. Peter Burke war so freundlich, mich auf diese Quelle aufmerksam zu machen. Den gleichen Gedanken vertritt auch Rowe in *Ethnography and Ethnology*.

132 *Œuvres*, Bd. II, 3. Buch, 3. Brief, S. 55
133 *Royal Commentaries of the Incas*, übers. von H. V. Livermore, 2 Bde., Austin, Texas, 1966. Bd. I, S. 30, 40 ff. (Buch I, 9. und 15. Kapitel. Über Carcilasos Auffassung des Geschichtsprozesses siehe den Essay von Carlos Daniel Valcárcel in: *Nuevos Estudios sobre el Inca Carcilaso de la Vega*, Lima 1955
134 Darauf weist auch José Antonio Maravall in dem eindrucksvollen Kapitel über »La circunstancia del descubrimiento de América« seiner Studie über die Idee des Fortschritts hin, *Antiguos y Modernos*, Madrid 1966.
135 Bacus von Verulam (Francis Bacon), *Novum Organon*, übersetzt von G. W. Bartoldy, Berlin 1793, Bd. 1, Aphorismus 129
136 *Historia General de las Indias*, S. 160
137 *Method for the Easy Comprehension of History*, übers. von Beatrice Reynolds, New York 1945, S. 296, 301
138 José de Acosta, *Historia Natural y Moral des las Indias*, a.a.O., S. 319
139 *Voyage fait en la Terre du Brésil*, a.a.O., S. 382
140 *Method for the Easy Comprehension of History*, a.a.O., S. 301
141 Bernardo de Vargas Machuca, *Milicia y Descripción de las Indias*, Madrid 1599. Siehe Frontispiz.

Neuland

142 *A Philosophical and Political History*, (engl. Übers. 1776), Bd. I, S. 1
143 Adam Smith, *Eine Untersuchung über das Wesen und die Ursachen des Reichtums der Nationen*, a.a.O., S. 433
144 K. Marx, F. Engels, Manifest der Kommunistischen Partei, in: MEW, Bd. 4, Berlin 1974, S. 463
145 Earl J. Hamilton, »American Treasure and the Rise of Capitalism«, in: *Economica*, Bd. IX, 1929, S. 338–357
146 H. und P. Chaunu, *Séville et l'Atlantique*, Bd. 8, Paris 1955–1959
147 H. M. Robertson, *Aspects of the Rise of Economic Individualism*, Cambridge 1933, S. 176 f.
148 Walter Prescott Webb, *The Great Frontier*, London 1953
149 Ebenda, S. 104
150 Abbé Raynal, *A Philosophical and Political History*, a.a.O., Bd. 4, S. 401
151 Zur Kritik an Webbs These siehe insbesondere Teil IV von *The New World Looks at its History*, hg. von A. R. Lewis und T. F. McGann, Austin, Texas, 1963 sowie die insgesamt wohlwollende, aber durchaus kritische Einschätzung von Geoffrey Barraclough im zehnten Kapitel seines Buches *History in a Changing World*, Oxford 1955
152 *Historia General y Natural de las Indias*, Bd. I, S. 156
153 Fernando Pérez de Oliva, *Las Obras*, Córdoba 1586, Folio 135 V
154 Siehe: Pedro Corominas, *El Sentimiento de la Riqueza en Castilla*, Madrid 1917
155 Siehe: Andrew M. Watson, »Back to Gold – and Silver«, in: *Economic History Review*, 2. Folge, XX, 1967, S. 1–34
156 *The Cambridge Economic History of Europe*, Bd. IV, Cambridge 1967, S. 445
157 Earl J. Hamilton, *American Treasure and the Price Revolution in Spain, 1501–1650*, Cambridge, Mass., 1934, S. 40 ff.
158 Frank C. Spooner, *L'Economie Mondiale et les Frappes Monétaires en France, 1483–1680*, Paris 1956, S. 10–13
159 *Cambridge Economic History of Europe*, Bd. IV, S. 385 (und Abb. 5, S. 459)
160 Frank C. Spooner, *L'Economie Mondiale et les Frappes Monétaires en France, 1483–1680*, a.a.O., S. 71 f.
161 Marjorie Grice-Hutchinson, *The School of Salamanca*, Oxford 1952, S. 52; Pierre Vilar, *Crecimiento y Desarollo*, Barcelona 1964, S. 181 f.
162 Hamilton, *American Treasure*, a.a.O., S. 292
163 *Historia General de las Indias*, 1552, a.a.O., S. 231
164 *La Response de Jean Bodin à M. de Malestroit*, hg. von Henri Hauser, Paris 1932, S. 9 f. Es ist bemerkenswert, daß Bodin sich zur Bekräftigung seiner Auffassung, es sei

»l'abondance que cause le mespris«, auf die Erfahrungen der Spanier in Amerika beruft.

165 Die relevante Passage befindet sich in der Übersetzung auf Seite 95 von Grice-Hutchinson's *The School of Salamanca.*

166 *Historia General y Natural de las Indias*, I, 163

167 F. Morales Padrón, *L'Amérique dans la Littérature Espagnole*, in: *La Découverte de l'Amérique*, a.a.O., S. 285 f.

168 Alejandro Ramírez, *Epistolario de Justo Lipsio y los Españoles*, Madrid 1966, S. 372

169 *Royal Commentaries*, übers. von Livermore, Teil II (*the Conquest of Peru*), S. 647 f.

170 Siehe insbesondere: J. Nadal Oller, »La Revolución de los Precios Españoles en el Siglo XVI«, in: *Hispania*, Bd. XIX, 1959, S. 503–529; Eine Gesamtübersicht ist enthalten in: J. H. Elliott, *Imperial Spain, 1469–1716*, London 1963, S. 183–188. Die zwingendste und ausführlichste Argumentation zum Problem der Preisrevolution liefert nach wie vor I. Hammarströms Aufsatz »The ›Price Revolution‹ of the Sixteenth Century: Some Swedish Evidence«, in: *Scandinavian Economic History Review*, Bd. V, 1957, S. 118–154

171 Ruiz Martín, *Lettres Marchandes Echangées entre Florence et Medina del Campo*, Paris 1965, S. *XLIX*

172 José Gentil Da Silva, *In Espagne*, Paris 1965, S. 67 ff.

173 Bartolomé Dennassar, *Valladolid au Siècle d'Or*, Paris 1967, S. 459

174 Ruiz Martín, *Lettres Marchandes Echangées entre Florence et Medina del Campo*, a.a.O., S. XXXVIII

175 Die Reproduktion der Landkarte von Alvaro Castillo in *The Cambridge Economic History of Europe*, Bd. IV, S. 463, gibt eine gute allgemeine Vorstellung von der Verteilung des amerikanischen Silbers auf Europa.

176 Zu England siehe R. B. Outhwaite's hilfreiche Schrift *Inflation in Early Stuart England*, London 1969; zu Italien siehe: C. M. Cipolla, »La Prétendue Révolution des Prix«, in: *Annales*, Bd. X, 1955, S. 513–516

177 J. U. Nef, »Prices and Industrial Capitalism in France and England, 1540–1640«, in: *Economic History Review*, Bd. VII, 1937, S. 155–185; D. Felix, »Profit Inflation and Industrial Growth«, in: *Quarterly Journal of Economics*, Bd. LXX, 1956, S. 441–463

178 Guillermo Lohmann Villena, *Les Espinosas*, Paris 1968, S. 167

179 Ebenda, S. 131

180 Fernand Braudel, *La Méditerranée et le Monde Méditerranéen à l'époque de Philippe II*, Paris 1949, S. 619

181 *Séville et l'Atlantique*, Die Bände VIII (I), VIII (II, I) stellen den »interpretierenden Teil« dieses vorzüglichen Werkes dar.

182 Da Silva, *En Espagne*, S. 65

183 Siehe die Rezension von H. G. Koenigsberger in: *English Historical Review*, Nr. 76, 1961, S. 675–681

184 Siehe die Rezensionen von Enrique Otte, *Moneda y Crédito*, Nr. 80, 1962, S. 137–141, und W. Brulez in: *Revue Belge de Philologie et d'Histoire*, Bd. XLII, 1964, S. 568–592

185 A. P. Usher, »Spanish Ships and Shipping in the Sixteenth and Seventeenth Centuries«, in: *Facts and Factors in Economic History. Articles by Former Students of E. F. Gay*, Cambridge, Mass., 1932, S. 210. Siehe auch: Pierre Jeannin, »Les Comptes du Sund comme Source pour la Construction d'Indices Généraux de l'Activité Economique en Europe«, in: *Revue Historique*, Nr. 231, 1964, S. 55–102, 307–340

186 Basierend auf den Arbeiten von Chaunu, Borah und anderen gibt John Lynch in seinem Buch *Spain Under the Habsburgs*, Oxford 1969, eine Darstellung der spanischen Geschichte, die die veränderten Bedingungen in den amerikanischen Kolonien Spaniens als eine der Hauptursachen der Depression im Mutterland ansieht.

187 P. J. Bakewell, *Silver Mining and Society in Zacatecas, 1550–1700* (unveröff. Diss., Cambridge 1969, im Bestand der Cambridge University Library). Ich bin Dr. Bakewell sehr dankbar dafür, daß er mir gestattet hat, mich in diesem Zusammenhang seiner Dissertation zu bedienen.

188 *The Great Frontier*, S. 417

189 *Obras*, Folios 129 V–139 V

190 *Comercio Impedido*, gedruckte Denkschrift, datiert vom 30. Januar 1640, S. 2 V, im Katalog des British Museum erfaßt nicht unter dem Namen Pellicer, sondern unter dem Stichwort *Comercio.*

191 *Summa de Tratos*, S. 15–15 V

192 Lohmann Villena, *Les Espinosas*, a.a.O., S. 15
193 Ruth Pike, *Enterprise and Adventure*, Ithaca, New York, 1966
194 Enrique Otte, »Das Genuesische Unternehmertum und Amerika unter den katholischen Königen«, in: *Jahrbuch für Geschichte von Staat, Wirtschaft und Gesellschaft Lateinamerikas*, Bd. II, 1965, S. 30–74
195 *Summa de Tratos*, a.a.O., S. 15 V
196 Antonio Domínguez Ortiz, *Orto y Ocaso de Sevilla*, Sevilla 1946; Ruth Pike, *Enterprise and Adventure*, a.a.O., 2. Kapitel
197 Peter Boyd-Bowman, *Indice Geobiográfico de Cuarenta Mil Pobladores Españoles de América en el Siglo XVI*, S. I, Bogóta 1964. Zu der Zahl von 200 000 siehe S. IX
198 *The History of New France*, 3 Bde., übers. und hg. in Toronto 1907–1914, Bd. I, S. 295
199 Enrique Otte, »Cartas Privadas de Puebla del Siglo XVI«, in: *Jahrbuch für Geschichte von Staat, Wirtschaft und Gesellschaft Lateinamerikas*, Bd. III, 1966, S. 10–87
200 Diese Schätzung verdanke ich Dr. N. G. Parker vom Christ's College in Cambridge, der die Geschichte der spanischen Armee in den Niederlanden im sechzehnten und siebzehnten Jahrhundert untersucht.
201 Valentin de Pedro, *América en las Letras Españolas del Siglo de Oro*, 18. Kapitel, S. 267 f.
202 Fernándes de Oviedo, *Historia General y Natural de las Indias*, a.a.O., Bd. I, S. 110
203 *Historia General de las Indias*, S. 177, 184 (Gómara gebraucht das Wort *mejorada*)
204 Fernand Braudel, *Civilisation Matérielle et Capitalisme*, Paris 1967, S. 352

Die atlantische Welt

205 Ebenda.
206 Kurtze Chronick oder Beschreibung der vornembsten Händeln und Geschichten ... vom Jar ... 1500 biss auf des Jar 1568 ..., Köln 1568, S. 4 V
207 *Recopilación de Leyes de los Reinos de las Indias*, 5. Aufl., Madrid 1841, 3. Buch, Titulo 1, ley I. Luis Weckmann, *Las Bulas Alejandrinas de 1493 y la Teoría Politica del Papado Medieval*, Mexico 1949, S. 246 ff.; Verlinden und Pérez-Embid, *Cristóbal Colón*, S. 85–89; Richard Konetzke, *Süd- und Mittelamerika*, Bd. I, Fischer Weltgeschichte, Bd. 22, Frankfurt am Main 1965, S. 29–35
208 *De Procuranda Indorum Salute*, hg. von Mateos, S. 171
209 P. Tariscio de Azcona, *La Elección y Reforma del Episcopado Español en Tiempo de los Reyes Católicos*, Madrid 1960, 7. Kapitel
210 F. Mateos, «Ecos de América en Trento«, in: *Revista de Indias*, Bd. 22, 1945, S. 559–605
211 *Historia General de las Indias*, S. 291
212 *The Voyages and Colonising Enterprises of Sir Humphrey Gilbert*, hg. von D. B. Quinn, Hakluyt Society, 2. Folge, Bde. 83–84, London 1940, Bd. I, S. 17
213 J. H. Parry, *The Spanish Theory of Empire in the Sixteenth Century*, Cambridge 1940, S. 70–75
214 H. G. Koenigsberger, *The Government of Sicily under Philip II of Spain*, London 1951, überarbeitete Aufl., *The Practice of Empire*, Ithaca 1969, S. 48
215 Francis Bacon, *Works*, hg. von Spedding, Bd. 7, London 1859, S. 130 f.
216 *The Great Frontier*, a.a.O., S. 147
217 *The Six Books of a Commonwealth*, übers. von Richard Knolles, hg. von K. D. McRae, Harvard University Press 1962, S. 656
218 Henri de la Popelinière, *Les Trois Mondes*, Paris 1582, avant-discours
219 »Discourse of Western Planting«, 1584, in: E. G. R. Taylor, *The Original Writings and Correspondence of the Two Richard Hakluyts*, Hakluyt Society, 2. Folge, Bd. 77, London 1935, Bd. II, Dokument 46. Siehe auch: G. V. Scammell, »The New Worlds and Europe in the Sixteenth Century«, in: *The Historical Journal*, Bd. XII, 1969, S. 407
220 Hernán Cortés, *Cartas y Documentos*, a.a.O., S. 33, 229, 236; R. Konetzke, »Hernán Cortés como poblador de la Nueva España«, in: *Estudios Cortesianos*, Madrid 1948, S. 341–381; V. Frankl, »Imperio particular e imperio universal en las cartas de relación de

Hernán Cortés«, in: *Cuadernos Hispanoamericanos*, 1963; J. H. Elliott, »The Mental World of Hernán Cortés«, in: *Transactions of the Royal Society*, 5. Folge, Bd. 17 (1967), S. 41–58

221 *De Indis*, I, 2, 2; Joseph Höffner, *Christentum und Menschenwürde. Das Anliegen der Spanischen Kolonialethik im Goldenen Zeitalter*, Trier 1947, S. 219

222 Juan Friede, *Los Welser*, Caracas, Madrid 1961, S. 577, Anm. 6 zum 5. Kapitel

223 John Lynch, *Spain under the Habsburgs*, Bd. I, Oxford 1964, S. 129

224 Ramón Carande, *Carlos V y sus Banqueros*, Bd. III, Madrid 1967, S. 405. F. Braudel vertritt in seinem Buch *La Méditerranée*, S. 518–525, die Auffassung, daß sich der Schwerpunkt der Wirtschaft um die Mitte des sechzehnten Jahrhunderts verlagert hat, eine These, die inzwischen von Braudel selbst und von anderen Historikern weiter ausgebaut worden ist. Siehe auch Pierre Chaunu, »Séville et la ›Belgique‹, 1555–1648«, in: *Revue du Nord*, Bd. XLII, 1960, S. 259–92, besonders S. 269–271

225 *Séville et l'Atlantique*, Bd. VIII (II,I), S. 255–352

226 *Advertisement touching an Holy Warre*, 1622, Bd. VII, S. 20

227 *Historians of the Middle East*, hg. von B. Lewis und P. M. Holt, London 1962, S. 184

228 Die Informationen über die dem *Tharih-iHind-i garbi* zugrundeliegenden Quellen verdanke ich Dr. Thomas D. Goodrich, dessen unveröffentlichte Dissertation, verteidigt an der Columbia University unter dem Titel *Sixteenth-Century Ottoman Americana*, diesem Gegenstand gewidmet ist. Sehr zu Dank verpflichtet bin ich auch Mr. Saleh Özbaran für die Diskussion über dieses Werk, die er mit mir geführt hat, sowie dafür, daß er mir diese Passage übersetzt hat.

229 *Séville et l'Atlantique*, Bd. VIII (II,I), S. 888

230 Séville et la ›Belgique‹, a.a.O., S. 291

231 J. H. Elliott, *The Revolt of the Catalans*, Cambridge 1963, S. 189 f.

232 Henri Lapeyre, *Simon Ruiz et les Asientos de Philippe II*, Paris 1953, S. 104

233 *Original Writings*, hg. von Taylor, Bd. II, S. 243

234 L. F. Stock, *Proceedings and Debates of the British Parliaments respecting North America*, Bd. I, Washington 1924, S. 62

235 A. P. Newton, *The European Nations in the West Indies, 1493–1688*, London 1933, Reprint 1966, S. 49 ff.

236 Über französische Kolonialisierungspläne im sechzehnten Jahrhundert siehe insbesondere C. A. Julien, *Les Débuts de l'Expansion et de la Colonisation Française*, Paris 1947

237 G. B. Parks, *Richard Hakluyt and the English Voyages*, New York 1928, Kapitel 1 und 2

238 Winthrop S. Hudson, *John Ponet*, Chicago 1942, S. 84; Christina Garrett, *The Marian Exiles*, Cambridge 1938, Reprint 1966, S. 105 ff. Zu Ponets Auslassungen über die Rolle der Spanier in Westindien siehe S. (93)–(94), sig, F. VII und F. VII V in *Short Treatise*, als Faksimile reproduziert in Hudsons *John Ponet*.

239 Newton, *European Nations in the West Indies*, a.a.O., S. 58 f.

240 Quinn, *Voyages of Gilbert*, Bd. I, 4 f.; Rowse, *the Elizabethans and America*, S. 13

241 *Mémoirs et Correspondences de Duplessis-Mornay*, Bd. II, Paris 1824, Dok. XCVII

242 So äußerte sich der französische Hugenottenführer La Noue am 17. August 1588 in einem Brief an Sir Francis Walsingham, zit. nach: Henri Hauser, *François de la Noue*, Paris 1892, S. 315–319

243 G. S. Graham, *The Politics of Naval Supremacy*, Cambridge 1965, S. 10 ff. Über den anhaltenden Mangel an Systematik siehe jedoch: K. R. Andrews, *Drake's Voyages*, London 1967, S. 96

244 Juan de Idiáquez, zit. nach John Lynch, *Spain under the Habsburgs*, Bd. I, S. 315

245 John M. Headley, *Luther's View of Church History*, New Haven 1963, S. 240 f.; Glacken, *Traces on the Rhodian Shore*, S. 276 ff.

246 Pérez de Oliva, *Obras*, F. 134

247 Quinn, *Voyages of Gilbert*, II, S. 387 f. Siehe auch Sanford, *The Quest for Paradise*, S. 51

248 Sverker Arnoldsson, *La Leyenda Negra*, Göteborg 1960, über die europäischen Ursprünge der Schwarzen Legende. Zu ihrer Ausweitung auf Amerika siehe insbesondere Rómulo D. Carbia, *Historia de la Leyenda Negra Hispanoamericana*, Madrid 1944, und den eindrucksvollen Artikel von Pierre Chaunu, »La Légende Noire Antihispanique«, in: *Revue de Psychologie des Peuples*, Université de Caën, 1964, S. 188–223. Ich danke Dr. A. W. Lovett, der mich auf diesen Artikel aufmerksam gemacht hat.

249 Französische Fassung, Leyden 1581, S. 50
250 *Secrets Públichs*, Barcelona 1641, Artikel 2 (unpaginiert)
251 Ramón Menéndez Pidal, *El Padre Las Casas*, Madrid 1963, S. 364
252 Christóbal Suárez de Figueroa, *El Passagero*, 1617, erschienen in Madrid 1914, S. 20
253 Zu einer gründlichen Untersuchung der Haltung Spaniens zu den Silberlieferungen siehe Pierre Vilar, *Crecimiento y Desarollo*, S. 175–207
254 *Memorial de la politica necessaria y ùtil restauración a la república de España*, Valladolid 1600, S. 15 V.
255 *Desempeño del Patrionio de Su Magestad*, Madrid 1600, S. 157 V.
256 Diese Überlegung wurde vor dem Erscheinen des zweiten Bandes von John Lynchs *Spain under the Habsburgs* niedergeschrieben, in dem dieser größere Zusammenhang ausdrücklich bestätigt wird.
257 Der Zerfall wird dokumentiert in Pierre Chaunu, *Séville et l'Atlantique*, Bd. VIII (II, I), Teil 5. In den folgenden Absätzen stütze ich mich auf diese Dokumentation.
258 Suárez de Figueroa, *El Passagero*, a.a.O., S. 48
259 Ein Argument, das u. a. von Don Carlos Coloma benutzt wurde; A. Rodríguez Villa, *Ambrosio Spínola*, Madrid 1904, S. 387
260 Über die Beziehungen zwischen Spanien, Portugal und den Vereinigten Provinzen in jenen Jahren siehe: C. R. Boxer, »Spaniards and Portuguese in the Iberian colonial world«, in: *Liber Amicorum Salvador de Madariaga*, Brügge 1966, S. 239–251, und derselbe, *Salvador de Sá and the Struggle for Brazil and Angola, 1602–1686*, London 1952; *The Dutch in Brazil, 1624–1654*, London 1957; *The Portuguese Seaborne Empire, 1415–1826*, London 1969, 5. Kapitel. Über den portugiesischen Atlantik im allgemeinen siehe: F. Mauro, *Le Portugal et l'Atlantique au XVIIe siècle, 1570–1670*, Paris 1960
261 Antonio Domínguez Ortiz, *Politica y Hacienda de Felipe IV*, Madrid 1960, S. 287 ff.; John Lynch, *Spain under the Habsburgs*, Bd. II, S. 74
262 Newton, *The European Nations*, S. 153
263 Siehe Fritz Dickmann, *Der Westfälische Frieden.* Münster 1959, S. 261
264 *Comercio Impedido*, S. 5
265 Julien, *Les Débuts de l'Expansion*, a.a.O., S. 145 ff.; Roland Mousnier, *Les XVIe et XVIIe Siècles*, Paris 1954, S. 136
266 Garrett Mattingly, »No peace beyond what line?«, in: *Transactions of the Royal Historical Society*, 5. Folge, Bd. 13, 1963, S. 145–162
267 Newton, *The European Nations*, a.a.O., S. 202, 269 f.
268 J. H. Parry, *The Age of Reconnaissance*, London 1963, S. 318 f.
269 Höffner, *Christentum und Menschenwürde*, a.a.O., S. 235
270 Ebenda, S. 253
271 *Royal Commentaries*, Bd. I, S. 9
272 Elizabeth Armstrong, *Ronsard and the Age of Gold*, Cambridge 1968, S. 27 f.
273 Michel de Montaigne, *Die Essais*, a.a.O., S. 325
274 *Les Trois Mondes*, S. 38
275 José de Acosta, *Historia Natural y Moral des las Indias*, a.a.O., S. 280
276 Rosario Romeo, *Le Scoperte Americane*, S. 103 ff. Zu Boteros Verwendung Acostas siehe: Federico Chabool, *Giovanni Botero, Scritti sul Rinascimento*, Turin 1967, S. 417–424

Auswahlbibliographie

Eine Bibliographie von Werken, die sich mit den verschiedensten Aspekten des Einflusses Amerikas auf Europa im sechzehnten Jahrhundert befassen, kann nur allzu leicht zu einer allgemeinen Bibliographie über eineinhalb Jahrhunderte europäischer Geschichte geraten. Ich habe mich deshalb auf eine rigoros subjektive Auswahl der Werke beschränkt, die mir bei der Zusammenstellung dieses Bandes besonders hilfreich schienen und die ich in den von mir verwendeten Ausgaben (bzw. in einigen Fällen in den entsprechenden Übersetzungen) angebe. Bücher, die entweder für sich oder aufgrund bestimmter in ihnen enthaltener Hinweise als allgemeine Einführung in die Thematik der Beziehungen zwischen der Alten und der Neuen Welt in der hier zur Debatte stehenden Periode von Nutzen sein können, sind mit einem Sternchen gekennzeichnet.*

Primärliteratur**

Acosta, José de, *De Procuranda Indorum Salute*, spanische Übersetzung von Francisco Mateos, Madrid 1952.

Historia Natural y Moral des las Indias, hg. von Edmundo O'Gorman, 2. überarbeitete Ausgabe, FC, Mexico 1952

Arber, Edward (Hg.), *The First Three English Books on America*, Birmingham 1885

The Works of Francis Bacon, hg. von J. Spedding, 14 Bde., London 1857–1874

Barlow, Rodger, *A Brief Summe of Geography*, hg. von E. G. R. Taylor, HS, 2. Folge, Nr. 69, London 1932

Benzoni, Girolamo, *La Historia del Mondo Nuovo*, Venedig 1565, Faksimile-Ausgabe, Graz 1962, englische Übersetzung von W. H. Smyth, *History of the New World*, HS, 1. Folge, Bd. 21, London 1857

Bodin, Jean, *Method for the Easy Comprehension of History*, übersetzt von Beatrice Reynolds, New York 1945

– *La Response de Jean Bodin à M. de Malestroit, 1586*, hg. von Henri Hauser, Paris 1932

– *The Six Bookes of a Commonweale*, übersetzt von Richard Knolles, 1606, Faksimile, hg. von Kenneth D. McRae, Cambridge, Mass., 1962

Boemus, Johannes, *The Manners, Laws and Customs of All Nations*, übersetzt von Aston, London 1611. Enthält Auszüge aus Jean de Léry.

Colón, Hernando, *Vida del Admirante Cristóbal Colón*, FC, Mexico 1947

Columbus, Christoph, *The Journal of Christopher Columbus*, übersetzt von Cecil Jane, hg. von L. A. Vigneras, London 1960

* Abkürzungen: BAE – Biblioteca de Autores Españoles; FC – Fondo de Cultura Económica; HS – Hakluyt Society

** Zu detaillierten bibliographischen Angaben über frühe Amerikana siehe besonders Henry Harrisse, *Biblioteca Americana vetustissima. A Description of Works Relating to America, 1492–1551*, New York 1866, 3 Bde., Madrid 1958

Select Documents Illustrating the Four Voyages of Columbus, hg. von Cecil Jane, HS, 2. Folge, Nr. 65, 70, London 1930–1932
Cortés, Hernán, *Cartas y Documentas*, hg. von Mario Hdez. Sánchez-Barba, Mexico 1963
De Pauw, Cornelius, *Recherches Philosophiques sur les Américains*, Bde. 1–3 der *Œuvres Philosophiques*, Paris 1794
Eden, Richard, *siehe* Arber, *The First Three Books*
Enríquez de Guzmán, Alonso, *Libro de la Vida y Costumbres de Don Alonso Enréquez de Guzmán*, hg. von Hayward Keniston, BAE, Bd. 126, Madrid 1968
Ercilla, Alonso de, *La Araucana*, Clásicos de Chile, Bd. 2, Santiago de Chile 1956
Esteve, Barba, Francisco (Hg.), *Crónicas Peruanas de Interés Indias*, BAE, Bde. 117–121, Madrid 1959
Sumario de la Natural Historia de las Indias, FC, Mexico 1950
García, Gregorio, *Origen de los Indios del Nuevo Mundo y Indias Occidentales*, Valencia 1607
Garcilaso de la Vega, el Inca, *Royal Commentaries of the Incas*, übersetzt von H. V. Livermore, 2 Bde., Austin, Texas, 1966
The Voyages and Colonising Enterprises of Sir Humphrey Gilbert, hg. von D. B. Quinn, HS, 2. Folge, Nr. 83–84, London 1940
Gómara *siehe* López de Gómara
Hakluyt, Richard, *The Original Writings and Correspondence of the Two Richard Hakluyts*, hg. von E. G. R. Taylor, HS, 2. Folge, Nr. 76–77, London 1935
Jiménez de la Espada, Marcos, *Relaciones Geográficas de Indias. Perú*, Madrid 1881–1897, Reprint BAE, Bde. 183–185, Madrid 1965
Julien, C. A.; Herval, R.; Beauchesne, T. (Hg.), *Les Français en Amérique pendant la première moitié du XVIe siècle*, Paris 1946. Enthält Verrazanos Reise.
La Popelinière, Henri de, *Les Trois Mondes*, Paris 1582
Las Casas, Bartolomé de, *Apologética Historia Sumaria*, hg. von Edmundo O'Gorman, 2 Bde., Mexico 1967
– *Historia de las Indias*, hg. von A. Millares Carlo und L. Hanke, 3 Bde., FC, Mexico 1951
– *Tratados*, 2. Bd., FC, Mexico 1965. Enthält die *Brevísima Relación de la Destruición de las Indias*.
Léry, Jean de, *Histoire d'un Voyage fait en la Terre du Brésil, autrement dite Amérique*, La Rochelle 1578, englische Übersetzung *History of a Voyage to the Land of Brazil*, Berkeley 1990
Lescarbot, Marc, *the History of New France*, 3 Bde. Original mit englischer Übersetzung, Toronto 1907–1914
López de Velasco, Juan, *Geografia y Descripción Universal de las Indias*, hg. von Justo Zaragoza, Madrid 1894
Mártir de Anglería, Pedro, *Dédadas del Nuevo Mundo*, ins Spanische übersetzt von Joaquín Torres Asensio, Buenos Aires 1944
– *Epistolario*, hg. von José López de Toro, Documentos Inéditos para la Historia de España, Bde. IX–XII, Madrid 1953–1957
Mercado, Tomás de, *Summa de Tratos y Contratos*, Sevilla 1571
Monardes, Nicolás, *Joyfull Newes out of the Newe Founde Worlde*, übersetzt von John Frampton (1577), hg. von Stephen Gaselee, 2 Bde., London 1925
Montaigne, Michel de, *Essais*, Pleyade, Paris 1950, »Des Cannibales«, »Des Coches«, deutsche Ausgabe: *Die Essais*, Leipzig 1953, »Über die Kannibalen«, »Über die Kutschen«, übersetzt und hg. von Arthur Franz
Montalboddo, Francanzano de, *Paesi Novamente Retrovati*, Venedig 1507
Otte, Enrique (Hg.), »Cartas Privadas de Puebla del Siglo XVI«, in: *Jahrbuch für Geschichte von Staat, Wirtschaft und Gesellschaft Lateinamerikas*, Bd. III, 1966, S. 10–87
Palacios Rubios, Juan López de, *De las Islas del Mar Océano*, hg. von S. Zavala und A. Millares Carlo, FC, Mexico 1954
Pellicer de Ossau, José, *Comercio Impedido*, Madrid 1640, im Katalog des British Museum verzeichnet nicht unter Pellicer, sondern unter *Comercio*
Pérez de Oliva, Hernán, *Historia de la Invención de las Yndias*, hg. von José Juan Arrom, Bogotá 1965
– *Las Obras*, Córdoba 1586
Quinn, D. B. (Hg.), *The Roanoke Voyages, 1584–1590*, HS, 2. Folge, Nr. 104–105, London 1955

Raleigh, Sir Walter, *The Discoverie of the Large, Rich and Bewtiful Empyre of Guiana* (1596), Faksimile-Ausgabe, Leeds 1967
Ramusio, Giovanni Battista, *Terzo Volume delle Navigationi et Viaggi*, Venedig 1556. Siehe auch: George B. Parks, *The Contents and Source of Ramusio's Navigationi*, New York Public Library 1955
Raynal (Reynal), Guillaume, *A Philosophical and Political History of the Settlements and Trade of the Europeans in the East and West Indies*, übersetzt von J. Justamond, 4 Bde., Dublin 1776
Sahagún, Bernardino de, *Historia General de las Cosas de Nueva España*, hg. von Miguel Acosta Saignes, 3 Bde., Mexico 1946
– *General History of the Things of New Spain; Florentine Codex*, übersetzt und hg. von A. J. O. Anderson und C. E. Dibble, 13 Bde., Santa Fe ab 1950
Sepúlveda, Juan Ginés de, *Démocrates Segundo*, hg. von Angel Losada, Madrid 1951
– *Epistolario*, hg. von Angel Losada, Madrid 1966
Smith, Adam, *The Wealth of the Nations*, hg. von Edwin Cannan, London 1904, Reprint in 2 Bd., University Paperbacks, London 1961
Staden, Hans, *The True History of His Captivity*, hg. von M. Letts, London 1928
Stock, L. F. (Hg.), *Proceedings and Debates of the British Parliaments Respecting North America*, Bd. 1 (1542–1688), Washington 1924
Suárez de Figueroa, Cristóbal, *El Passagero* (1617), Ausgabe der Sociedad Bibliófilos Españoles, Bd. 38, Madrid 1914
Thevet, André, *Les Singularitez de la France Antarctique*, Antwerpen 1558
Tovar, Juan de, *Historia de la Venida de los Yndios a poblar a Mexico de las partes remotas de Occidente*, Manuskript in der John Carter Brown Library, Providence, Rhode Island
Vargas Machuca, Bernardo de, *Milicia y Descripción de las Indias*, Madrid 1599
Vedia, Enrique de (Hg.), *Historiadores Primitivos de Indias*, BAE, Bd. 22, 26, Madrid 1852–1853
Veitia Linage, Joseph de, *Norte de la Contratación de las Indias Occidentales* (1672), Reprint Buenos Aires 1945
Vitoria, Francisco de, *Obras*, hg. von Teófilo Urdánoz, Biblioteca de Autores Cristianos, Bd. 189, Madrid 1960
– *Relectio de Indis*, hg. von L. Pereña und J. M. Pérez Prendes, Corpus Hispanorum de Pace, Bd. V, Madrid 1967
Zorita, Alonso de, *Breve y Sumaria Relación de los Señores de la Nueva España* (*The Lords of New Spain*), übersetzt von Benjamin Keen, Rutgers 1963, London 1965

Sekundärliteratur

Albònico, Aldo, *Il Mondo Americano di Giovanni Botero*, Rom 1990
Allen, Don Cameron, *the Legend of Noah*, Illinois Studies in Language and Literature, Bd. XXXIII, Nr. 3–4, Urbana 1949
Altman, Ida, *Emigrants and Society, Extremadura and Spanish America in the Sixteenth Century*, Berkeley 1989
Armstrong, Elizabeth, *Ronsard and the Age of Gold*, Cambridge 1968
Arnoldsson, Sverker, *La Leyenda Negra*, Göteborg 1960
* Atkinson, Geoffroy, *Les Nouveaux Horizons de la Renaissance Française*, Paris 1935
Axtell, James, *The Invasion Within. The Contest of Cultures in Colonial North America*, New York 1985
Bataillon, Marcel, *Etudes sur Bartolomé de las Casas*, Paris 1965
Baudet, Henri, *Paradise on Earth*, New Haven, London 1965
Baudot, Georges, *Utopie et Histoire au Mexique*, Toulouse 1977
Bernheimer, Richard, *Wild Men in the Middle Ages*, Cambridge, Mass., 1952
Boxer, C. R., *The Portuguese Seaborne Empire, 1415–1825*, London 1969
Boyd-Bowman, Peter, *Indice Geobiográfico de Cuarenta Mil Pobladores Españoles de América en el Siglo XVI*, Bd. 1, Bogotá 1964
Brading, D. A., *The First America*, Cambridge 1991
Brandon, William, *New Worlds for Old*, Athen, Ohio, 1986

Callot, Emile, *La Renaissance des Sciences de la Vie au XVIe Siècle*, Paris 1951
The Cambridge Economic History of Europe, Bd. IV, hg. von E. E. Rich and C. H. Wilson, Cambridge 1967
Carbia, Rómulo D., *Historia de la Leyenda Negra Hispanoamericana*, Madrid 1944
Cravalho, J. de, *Estudos sobre a Cultura Portuguesa do Século XVI*, Bd. I, Coimbra 1947
Cawley, R. R., *Unpathed Waters*, Princeton 1940
Cermentati, Mario, »Ulisse Aldrovandi e l'America Latina«, in: *Annali di Botanica*, Bd. V, Rom 1906, S. 313–366
Chardon, Carlos E., *Los Naturalistas en la América Latina*, Bd. 1, Ciudad Trujillo 1940
Chaunu, Huguette und Pierre, *Séville et l'Atlantique, 1504–1650*, 8 Bde., Paris 1955–1959
Chaunu, Pierre, *L'Amérique et les Amériques*, Paris 1964; »Séville et la ›Belgique‹«, 1555–1648, in: *Revue du Nord*, Bd. XLII, 1960, S. 259–292
Chiappelli, Fredi (Hg.), *First Images of America*, 2 Bde., Berkeley 1976
* Chinard, Gilbert, *L'Exotisme Américain dans la Littérature Française au XVIe Siècle*, Paris 1911
– *L'Amérique et le Rêve Exotique dans la Littérature Française au XVIIe et au XVIIIe Siècle*, Paris 1913
Cioranescu, Alejandro, *Colón, Humanista*, Madrid 1967
* Crone, G. R., *The Discovery of America*, London 1969
Dacos, Nicole, »Présents Américains à la Renaissance. L'Assimilation de l'Exotisme«, in: *Gazette des Beaux-Arts*, 6. Folge, Bd. LXXIII, 1969, S. 57–64
Dainville, François de, *La Géographie des Humanistes*, Paris 1940
Davis, David Brion, *The Problem of Slavery in Western Culture*, Ithaca 1966
* *La Découverte de L'Amérique*, Dixième Stage International d'Etudes Humanistes, Tours 1966, Paris 1968
Dickason, Olive Patricia, *The Myth of the Savage and the Beginnings of French Colonialism in the Americas*, Edmonton 1984
Domínguez Ortiz, Antonio, *Orto y Ocaso de Sevilla*, Sevilla 1946
– *Política y Hacienda de Felipe IV*, Madrid 1960
Echeverria, Durand, *Mirage in the West* Princeton 1957, Reprint 1968
Elliott, J. H., *Spain and its World, 1500–1700. Selected Essays*, New Haven, London 1988
Esteve Barba, Francisco, *Historiografia Indiana*, Madrid 1964
European Americana. A Chronological Guide to Works Printed in Europe Relating to the Americas, 1493–1776, hg. von John Alden und Dennis C. Landis, Bd. 1 (1493), Bd. 2 (1601–1650), New York 1980 und 1982
Fernández Alvarez, Manuel, *Politica Mundial de Carlos V y Felipe II*, Madrid 1966
Gentil Da Silva, José, *En Espagne*, Paris 1965
Gerbi, Antonello, *La Disputa del Nuovo Mondo*, Mailand 1955, englische Übersetzung *The Dispute of the New World*, Pittsburgh 1973
– *La Naturea delle Indie Nove*, Mailand 1975, englische Übersetzung *Nature in the New World: From Christopher Columbus to Gonzalo Fernández de Oviedo*, Pittsburgh 1985
Glacken, Clarence J., *Traces on the Rhodian Shore. Nature and Culture in Western Thought from Ancient Times to the End of the Eighteenth Century*, Berkeley 1967
Gliozzi, Giuliano, *Adamo e il nuovo mondo*, Florenz 1977
Guerra, Francisco, *Nicolás Battista Monardes. Su Vida y su Obra*, Mexico 1961
* Hale, John, »A World Elsewhere«, in: *The Age of Renaissance*, hg. von Denys Hay, London 1967, S. 317–343
Hamilton, Earl J., *American Treasure and the Price Revolution in Spain, 1501–1650*, Cambridge, Mass., 1934
– »American Treasure and the Rise of Capitalism«, in: *Economica*, Bd. IX, 1929, S. 338–357
Hanke, Lewis, *Aristotle and the American Indians*, London 1959
– *Estudios sobre Fray Bartolomé de las Casas y sombre la Lucha por la Justicia en la Conquista Española de América*, Caracas 1968
– *The Spanish Struggle for Justice in the Conquest of America*, Philadelphia 1949
Hay, Denys, *Europe – the Emergence of an Idea*, Edinburgh 1957
* Hodgen, Margaret T., *Early Anthropology in the Sixteenth and Seventeenth Centuries*, Philadelphia 1964
Höffner, Joseph, *Christentum und Menschenwürde. Das Anliegen der Spanischen Kolonialethik im Goldenen Zeitalter*, Trier 1947

Honour, Hugh, *The New Golden Land. European Images of America from the Disvoveries to the Present Time*, New York 1975
Huddleston, Lee Eldridge, *Origins of the American Indians. European Concepts, 1492–1729*, Austin 1967
Hulton, Paul und D. B. Quinn, *The American Drawings of John White, 1577–1590*, 2 Bde., London 1964
Humboldt, Alexander von, *Kosmos*, Stuttgart 1978
Hussey, R. D., »America in European Diplomacy, 1597–1604«, in: *Revista de Historiy de América*, Nr. 41, 1956, S. 1–30
* Jones, Howard Mumford, *O Strange New World*, New York 1964
Jordan, Winthrop D., *White Over Black*, Chapel Hill 1968
Julien, C. A., *Les Débuts de l'Expansion et de la Colonisation Française*, Paris 1947
Keen, Benjamin, *The Aztec Image in Western Thought*, New Brunswick 1971
Kupperman, Karen Ordahl, *Settling with the Indians. The Meeting of English and Indian Cultures in America, 1580–1640*, Totowa, New Jersey, 1980
Larsen, Erik, *Frans Post*, Amsterdam, Rio de Janeiro 1962
Lechner, J., »El concepto de ›policía‹ y su presencia en la obra de los primeros historiadores de Indias«, in: *Revista de Indias*, Nr. 165–166, 1981, S. 395–409
Lewis, Archibald R. und Thomas F. McGann (Hg.), *The New World Looks at its History*, Austin, Texas, 1963
Lohmann Villena, Guillermo, *Les Espinosas*, Paris 1968
Lynch, John, *Spain under the Habsburgs*, 2 Bde., Oxford 1964–1969
Maravall, José Antonio, *Antiguos y Modernos*, Madrid 1966, S. 429–453 (La Circumstancia del Descubrimiento de América)
Mateos, Francisco, »Ecos de America en Trento«, in: *Revista de Indias*, Bd. 22, 1945, S. 559–605
* Menéndez-Pidal, Gonzalo, *Imagen del Mundo Hacia 1750*, Madrid 1944
Mollat, Michel und Paul Adam (Hg.), *Les Aspects Internationaux de la Découverte Océanique aux XVe et XVI Siècles*, Actes du Cinquième Colloque International d'Histoire Maritime, Paris 1966
Morineau, Michel, *Incroyables Gazettes et Fabuleux Métaux*, Cambridge, Paris 1985
Moríngo, Marcos A., *América en el Teatro de Lope de Vega*, Buenos Aires 1946
Morison, Samuel Eliot, *Admiral of the Ocean Sea. A Life of Christopher Columbus*, 2 Bde., Boston 1942
* Myres, J. L., »The Influence of Anthropology on the Course of Political Science«, in: *University of California Publications in History*, Bd. IV, Nr. 1, 1916, S. 1–81
Newton, A. P., *The European Nations in the West Indies, 1493–1688*, London 1933, Reprint 1966
* O'Gorman, Edmundo, *The Invention of America*, Bloomington 1961
Olschki, Leonardo, *Storia Letteraria delle Scoperte Geografiche*, Florenz 1937
– »What Columbus Saw on Landing in the West Indies«, in: *Proceedings of the American Philosophical Society*, Bd. 84, 1941, S. 633–659
Pagden, Anthony, *The Fall of Natural Man. The American Indian and the Origins of Comparative Ethnology*, Cambridge 1982, 2., erweiterte Auflage 1985
Palm, Erwin Walter, *Los Monumentos Arquitectónicos de la Española*, Bd. I, Ciudad Trujillo 1955
»Tenochtitlan y la Ciudad Ideal de Dürer«, in: *Journal de la Société des Américanistes*, Neue Folge, Bd. XL, Paris 1951, S. 59–66
Papi, Fulvio, *Antropologia e Civiltà Nel Pensiero Di Giordano Bruno*, Florenz 1968
Parker, John (Hg.), *Merchants and Scholars*, Minneapolis 1965
Parks, G. B., *Richard Hakluyt and the English Voyages*, New York 1928
Parry, J. H., *The Age of Reconnaissance*, London 1963
The Spanish Seaborne Empire, London 1966
The Spanish Theory of Empire in the Sixteenth Century, Cambridge 1940
Pedro, Valentén de, *América en las Letras Españolas del Siglo de Oro*, Buenos Aires 1954
Penrose, Boies, *Travel and Discovery in the Renaissance, 1420–1620*, Cambr., Mass., 1960
Phelan, John Leddy, *The Millenial Kingdom of the Franciscans in the New World*, Berkeley 1956
Pike, Ruth, *Enterprise and Adventure. The Genoese in Seville and the Opening of the New World*, Ithaca 1966

Porter, H. C., *The Inconstant Savage. England and the North American Indians 1500–1660*, London 1979
Pulido Rubio, José, *El Piloto Mayor de la Casa de la Contratación de Sevilla*, Sevilla 1950
* Quinn, D. B., »Exploration and the Expansion of Europe«, in: *Rapports of the XII International Congress of Historical Sciences*, Bd. I, Wien 1965, S.45–59
Rey Pastor, Julio, *La Ciencia y la Técnica en el Descubrimiento de América*, 3. Auflage, Colección Austral, Buenos Aires 1951
Robertson, H. M., *Aspects of the Rise of Economic Individualism*, Cambridge 1935
* Romeo, Rosario, *Le Scoperte Americane nella Coscienza Italiana del Cinquecento*, 2. Auflage, Reprint Rom, Bari 1989
Rosen, Edward, »Copernicus and the Discovery of America«, in: *Hispanic American Historical Review*, Bd. XXIII, 1943, S. 367–371
Rowse, A. L. *The Elizabethans and America*, London 1959
Ryan, Michael T.: »Assimilating New Worlds in the Sixteenth and Seventeenth Centuries«, in: *Comparative Studies in Society and History*, Bd. 23, 1981, S. 519–538
Salas, Alberto M., *Tres Cronistas de Indias. Pedro Mártir, Oviedo, Las Casas*, FC, Mexico 1959
Sanford, Charles L., *The Quest for Paradise. Europe and the American Moral Imagination*, Urbana 1961
* Scammell, G. V., »The New Worlds and Europe in the Sixteenth Century«, in: *The Historical Journal*, Bd. XII, 1969, S. 389–412
Scott, J. B., *The Spanish Origin of International Law*, Oxford 1934
Schafer, Edward H., *The Vermillion Bird*, Berkeley 1967
Šimĕcek, Zdĕnek, »L'Amérique au 16e siècle à la lumière des nouvelles du service de renseignements de la famille des Rožmberk«, in: *Historica*, Bd. XI, Prag 1965, S. 53–93
Spooner, Frank C., *L'Economie Mondiale et les Frappes Monétaires en France, 1493–1680*, Paris 1956
Tazbir, Janusz, »La conquête de l'Amérique à la lumière de l'opinion polonaise«, in: *Acta Poloniae Historica*, Bd. XVII, 1968, S. 5–22
Todorov, Zvetan, *La Conquête de l'Amérique. La question de l'autre*, Paris 1982; englische Übersetzung *The Conquest of America*, New York 1984
Verlinden, Charles und Florentino Pérez–Embid, *Cristóbal Colón y el Descubrimiento de América*, Madrid 1967
Vilar, Pierre, *Crecimiento y Desarollo*, Barcelona 1964
Vivanti, C., »Alle origini dell' idea di civiltà: le scoperte geografiche e gli scritti di Henri de la Popelinière«, in: *Rivista Storica Italiana*, Bd. LXXIV, 1962, S. 225–249
Washburn, W. E., »The Meaning of ›Discovery‹ in the Fifteenth and Sixteenth Centuries«, in: *American Historical Review*, Bd. LXVIII, 1962, S. 1–21
Webb, Walter Prescott, *The Great Frontier*, London 1953
Winch, Peter, »Understanding a Primitive Society«, in: *Religion and Understanding*, hg. von D. Z. Phillips, Oxford 1967
– *Essays Honoring Lawrence C. Wroth*, Portland, Maine, 1951
Zavala, Silvio, *La Filosofía Política en la Conquista de América*, Mexico 1947
Las Instituciones Jurídicas en la Conquista de América, Madrid 1935
La ›Utopia‹ de Tomás Moro en la Nueva España y Otros Ensayos, Mexico 1937
Sir Thomas More in New Spain, Diamante III, The Hispanic and Luso-Brazilian Councils, London 1955

Die
Kleine Kulturwissenschaftliche Bibliothek
Eine Auswahl

ARNALDO MOMIGLIANO, Die Juden in der Alten Welt
KKB Band 5

ANTHONY NORTHEY, Kafkas Mischpoche
KKB Band 6

ABY WARBURG, Schlangenritual. Ein Reisebericht
KKB Band 7

ALEXANDRE KOYRÉ, Galilei
KKB Band 8

KRZYSZTOF POMIAN, Der Ursprung des Museums
KKB Band 9

GEORGES DUBY, Die Frau ohne Stimme. Liebe und Ehe im Mittelalter
KKB Band 13

PETER BURKE, Küchenlatein. Sprache und Umgangssprache in der frühen Neuzeit
KKB Band 14

KONRAD WÜNSCHE, Bauhaus: Versuche, das Leben zu ordnen
KKB Band 17

ULRICH K. PREUSS, Revolution, Fortschritt und Verfassung.
Zu einem neuen Verfassungsverständnis
KKB Band 24

JULIO CARO BAROJA, Der Inquisitor, der Eroberer, der Herr.
Drei Berufsfelder aus der spanischen Geschichte
KKB Band 25

ALFRED SOHN-RETHEL, Das Geld, die bare Münze des Apriori
KKB Band 27

ARNO BORST, Computus. Zeit und Zahl in der Geschichte Europas
KKB Band 28

VICTOR ZASLAVSKY, Das russische Imperium unter Gorbatschow
KKB Band 30

GABOR KLANICZAY, Heilige, Hexen, Vampire
KKB Band 31

STEPHEN GREENBLATT, Schmutzige Riten
KKB Band 33

KARL CHRIST, Geschichte und Existenz
KKB Band 34

JOHAN HUIZINGA, Das Problem der Renaissance
KKB Band 35

JOHN H. ELLIOTT, Die Neue in der Alten Welt
KKB Band 36

ANDREAS BEYER (Hrsg.), Die Lesbarkeit der Kunst.
Zur Geistesgegenwart der Ikonologie
KKB Band 37

HANS BARON, Bürgersinn und Humanismus im Florenz der Renaissance
KKB Band 38